遥远的星光

——刘克胤现代诗精选

刘克胤　著

中国青年出版社

（京）新登字083号

图书在版编目（CIP）数据

遥远的星光 ：刘克胤现代诗精选 / 刘克胤著. --
北京 ：中国青年出版社，2013.6
ISBN 978-7-5153-1670-3

Ⅰ. ①遥… Ⅱ. ①刘… Ⅲ. ①诗集－中国－当代
Ⅳ. ①I227

中国版本图书馆CIP数据核字(2013)第110294号

责任编辑：彭明榜 李佼佼
书籍设计：孙初＋林业

中国青年出版社 出版 发行
社址：北京东四12条21号
邮政编码：100708
网址：www.cyp.com.cn
编辑部电话：（010）57350506
门市部电话：（010）57350370
三河市世纪兴源印刷有限公司印刷　　新华书店经销

700mm×1000mm　1/16　21印张　249千字
2013年6月北京第1版　2013年6月河北第1次印刷
定价：29.00元

心耽黎元的歌者

刘强

“穷年忧黎元，叹息肠内热。”朋友们纷纷评介：诗人刘克胤是底层百姓的歌者。

大家在一起聊诗，都认为刘克胤先生的诗创造，已经形成娴熟的艺术个性和风格：质朴、笃实，而又不泥于实，并对现实有所超越。他的诗创造，可说是自成一格，独放异彩。这是因为，他的诗创造的艺术精神，根源于他的人格精神之地。

1980年代，刘克胤读大学时开始诗创作，出版《刘克胤诗选》《城市管弦》《无名烈士墓前》《真实的声音》等诗集，有作品入选《中国诗歌档案》，诗著《无名烈士墓前》获《诗刊》文库奖。刘克胤被《诗刊》社邀请参加《诗刊》第24届青春诗会。他的诗创造，受到诗坛前辈王尔碑、未央和著名诗人叶延滨等的提携和鼓励，诗的创作精神尤为看好。

当今，人们越来越感到诗和文学隔离现实，缺乏“诗意”，越来越娱乐化、快餐化了。诗坛出现描写上层和底层、强势和弱势的“分离”迹象。看来，此种分离是难以统一了。有热衷于写“贵族”（包括权力和财富阶层）的诗人及其诗作，并且自得其乐；也有甘愿写平民百姓的诗人及其诗作，他们要重新燃起民众对诗和文学的敬畏感，攫住百姓的目光。诗和文学似乎已经分成了两个阵营。刘克胤来自农村，祖祖辈辈是农民，身上流着农民的血液，他的文学气质犹如带露的草根那样，靠吮吸土壤的养料生存。他的诗创造，代表着底层民众的文学思想和路线，也避免不了诗坛的分离和决裂。刘克胤的诗创造，属于“穿布衫”人的诗，而不是“穿燕尾服”人的诗。刘克胤的诗创造，既要独立于时代并居于精神生活之巅，而诗意则必须蕴入“引车卖浆者”的心头。

刘克胤的诗创造，面向社会底层，面向普通劳动者，面向广大乡村，面向主流文化所未涵盖甚至“遮蔽”了的声音和形象，他所写的系列工匠包括《铁匠》《弹匠》《篾匠》《木匠》《漆匠》《砌匠》《箍桶匠》等，是诗人特别为普通劳动者创作的，把普通劳动者的音容笑貌，放大了给人们看，让人们尊重和关心普通劳动者，从而在诗的领域生成了一种新的文学空间。这与刘克胤的工作、经历和生活相关。作为一名基层官员，既要奉承上峰旨意，又要“为民做主”，他的处世态度是向下倾斜，为百姓说话、办事，也为百姓写诗。因而，他也被称为“穿布衫的诗人”。刘克胤说，他的人生三件事：从政、写诗、治家，仍然秉承优秀传统的儒学观念——干入世事业，扬出世精神。历代为官的诗人不少，写诗和做官并非“首鼠两端”。而且，他们得以传世的诗作，大都以“为民做主”、替百姓言说为宗旨。

美国著名女诗人狄金森，说过一句令人铭心刻骨的话：“它令我全身冰冷，连火焰也无法使我温暖。我知道那就是诗。假如肉体上感到天灵盖被揭去，我知道那就是诗。”诗如果没有“诗意”，那就只是词语，不会有“天灵盖被揭去”的痛和浑身颤抖，刘克胤的诗如《无名烈士墓前》《屋顶上的羊》《一棵百年大树被放倒》《杀牛》等，给人“击中天灵盖”的感觉，并以拓展宇宙灵性，抵御奴性浸染为底色。

刘克胤的诗创造，是现实主义的创造，是对社会生活形态和人民心灵的描摹。他决不作浮泛的吟咏，而是充满家国情怀，对人民生活疾苦深表关切和同情。刘克胤的诗创造盛期，正好“财神取代诗神”，诗创造走到了文学边缘化的最边缘。他就挺立在这个“最边缘”上，并不依靠自己把握的主题和题材优势压人，而是以艺术的精美吸引和感染人，以独到的艺术精神折服人。于是，一些常见的现实生活题材，在他的诗笔描摹下显得不平常，平实的生活反而由他雕塑出胸襟气象和灵性，并表现出诗的纯粹质地和极致力量。如《杀牛》写：

被一块厚厚的黑布蒙住眼/被事先做好的圈套锁住脚/一头再也无力耕作的老牛/知道自己 大限已到//血色的河面上起风了/夕阳一脸茫然/四条汉子齐声嘿的一下/朝同一方向拉动绳索/把它轰隆一声放倒在地/就像放倒一座山//一把刀 如同一道闪电/绕它粗壮的脖子转一圈/就取下了它的头/它四条腿本能地踢蹬几下/来不及运足力气/喊出最后一声“哞——”

这首诗写“杀牛”绘声绘色，惟妙惟肖，描摹不啻感人，更是令人震撼：牛啊牛，你辛勤劳累了一辈子，为这个世界开荒和耕播，背负起沉重的担当，以艰难步履不停地跋涉，流过多少血汗和热泪，肩上磨起重重血泡和厚茧，赢来多少丰年堆满谷仓，自己只享用一把草。到了最后的日子，你却不能逃脱被“放倒”的命运！

“夕阳一脸茫然”，“就像放倒一座山”，“喊出最后一声‘哞——’”

此情此景，声节悲壮！

诗竟然也有这样写的，杀牛等琐屑之事，以赋笔铺叙，妙笔生花，平常中见出奇崛。

诗竟然如此平易晓畅，明白如话，偏又动荡人心，催人涕下。

原来，诗是一个隐喻，一个象征。置身富贵中人，无法理解其中的悲壮！不论“牛生”（自然生命）还是人生，悲壮总是可歌可泣的，你可以产生许多想象。《杀牛》一诗，营造自然生命的卑微意象，充分展现生命陨落的悲剧精神。“生的伟大，死的悲壮”，这应该就是“牛”的精神！“俯首甘为孺子牛”，也包涵着这种悲壮精神。

试想，与自然生命一样，人生又岂能不以“悲壮一回”为美？

《草》的写法，在情理之中，又出乎意料之外：

一生趴在地上/付之一炬　或是/横遭践踏/被人一脚踩进泥里/连哭都悄无声息/更有甚者/鞋子沾满了秽物/先要顺便在它们身上/使劲蹭一蹭/才去用水洗/好像它们本该/接受这些晦气

自然与社会全息。此诗以自然生命寓喻社会人生，写得生动清澈。“草”，即草根百姓，乃弱势群体的象征。草，立足于一片苦难的土地上，被人践踏蹂躏。“草”写出了草根百姓的悲苦，把生命的“卑微”写得活灵活现，平淡的自然物象写得富有诗意，这是因为诗人心中有深挚的爱，与草根百姓心灵相通。“草”是被诗人拥在心怀里的“草”，是诗人心中的疼爱，因而诗人以内心的阳光温暖它，呵护它，替“草”向世人声讨，对践踏者实行鞭笞。

人们会问：诗人，你给这个世界提供了什么？答曰：对生存和生命予以终极关怀。

刘克胤的诗创造，提出了对人和生存环境关系的拷问，以种种物象相描摹，自然大化人的精神状态，携带着人与生存环境既对称又对抗的信息，在对生存环境的适应与变革上开启视角。他的组诗《乡村即景》（载《诗刊》），从感觉和感触上帮助我们进入话题，揭示乡村资源被损害和文化精神的缺失，关注乡村建设。《在一个被征收的山村遇上一群鸡》写：

在一个被征收的山村/遇上一群鸡/乃是最后一个未搬迁的住户/不经意给我留下的/对这个山村最美好的记忆//这个山村位于城市边缘/越来越显得孤立/不消三个月/就要被趾高气扬的推土机/夷为平地/再也不见踪迹/这些鸡可能尚未获悉/也可能懒得去理/它们一如从前/沐浴着冬天的阳光/或到山边田边觅食/或在土堆里打滚/在草丛中嬉戏/它们没有费尽心机/去想今后的事情/比如当灯光代替了阳光/科学配比的供给/代替了自食其力/它们的子孙后代/是否还记得先辈们的住地/是否还能准确无误/在档案表上/填写自己的祖籍

这首诗营造了一个不常见的意象：被征收的山村“一群鸡”的悲情意象，也是一曲自然的挽歌，一曲现代化情境下乡村破灭的挽歌。

“一群鸡”对“被征收的山村”并不感到憋屈，它们的感觉器官“尚未获悉”不舒适的感觉。而被征收的山村的人呢，只剩下“最后一个未搬迁的住户”，他是不情愿还是某种惰性，抑或感受到山村被侵害了？“趾高气扬的推土机”，应该是“现代化”进程的意象吧，也是山村被征收的侵害者，它的到来，山村的形影就失去了。山村将被城市、被“市场化”淹没，“冬天的阳光”没有了，这些鸡们不再“山边田边觅食”，更莫想“在土堆里打滚/在草丛中嬉戏”了。甚至天不是蓝的，云不是白的，风不是清新的，水不是清澈的，泥土的气息也不香甜了。这些，对于“一群鸡”来说是麻木的，它们只是“一群鸡”，不会顾及“灯光代替了阳光/科学配比的供给/代替了自食其力”，这是一种反衬，反衬山村不声不响地被损害，山村不能发出声音，山村的声音被遮蔽了，现代化以牺牲山村生态，搬迁农民为代价。于是，诗人不得不发问：“它们的子孙后代/是否还记得先辈们的住地/是否还能准确无误/在档案表上/填写自己的祖籍”？这是值得人们深思的。

农村现代化，难道就是城市现代化的扩大，非得把原本的村舍、乡村全部铲平，把原始生态毁灭？

这首诗的美学情趣，甚至撇开鸡的主人不写，而只写“一群鸡”，是一种“替代”——反衬替代的艺术。

《累坏了的稻子》成为一种独特意象，诗人信手拈来：

> 在南方骄阳似火的田野上/知了的叫声异常高亢/那些低头弯腰的稻子/那些倒伏在地的稻子/一声不响/它们从不认为自己/多么伟大多么高尚/也不知道自己/关乎天下粮仓/它们太累了/无暇把自己泥里水里的一生/编成一只轻快的歌/交给风去唱

“累坏了的稻子”只是一个影子，一个替代，替代种稻子的农民的影子，“影子”就是意象。具象是“低头弯腰的稻子”，“倒伏在地的稻子”，象此意彼，诗所营造的是农民泡在“泥里水里的一生”“太累了”的意象！

物象契合心象，具象与抽象融汇，成为意象，成为种稻子的农民的“灵象”。

城市化的目标，使太多的青年农民作“城市取向”，农村剩下的是老弱病残，农民“倒伏”、农村凋敝，成为城市现代化发展的必然——在南方骄阳似火的田野上，只存有知了异常高亢的叫声。

“活下去，还是不活”只能任便，姑且把此话题“编成一只轻快的歌/交给风去唱”！

数十年城乡发展失衡，农业持续“失血”，农民也失去尊重，凭谁问“天下粮仓”“民以食为天”如何呢，又遑论伟大、高尚？

刘克胤的诗创造，是自然和人与社会以及人类精神界全息。全息就是“互法”——“人法地，地法天，天法道，道法自然”（《老子》），天、地、人以及人类精神全息相通。

建筑，属于第二自然，人工建造的自然。诗人刘克胤把诗创造的艺术融入生活，渗入到建筑领域，创造了“第三自然”——艺术自然的美。克胤写过不少描绘建筑工程和建筑工人生活的诗，表现建筑工人生活的喜怒哀乐，并寄予深切的人文关怀和慰勉。

《为建筑工人举办一场晚会》一诗，变换了诗的写法：

他们根本没想到/泥一身水一身　灰头灰脑/竟也能够得到这么多赞誉/更没意识到自己/是在为一座城市服务/他们背井离乡/有活干心里才舒服/挣了钱心里才踏实/他们劳动时的身姿变幻/可能被诗人妙手描绘/成为一座大厦/或一座桥梁的缩微图/他们也许真的不懂艺术/但他们任何时候都明白/什么叫快乐　什么是幸福/他们总是置身高处/远远地就像一尊动感雕塑/收工了　他们又

回到地面/回到更低的低处/那里有供他们栖息的/简易工棚或廉价的出租屋/不像今夜摇身一变/成为一座城市的贵宾/他们中的三个杰出代表/被请上台/与知名人士握手/与当红歌星边唱边舞/聚光灯下 显得特别醒目

面对城市的巍峨建筑，人们不一定就会想到建筑工，也不见得会感谢建筑工，更不可能理解诗人的描绘——“一座大厦/或一座桥梁”，会是他们劳动时身姿变幻的“缩微图”。而这一次，城市的管理者“礼遇”建筑工，为建筑工举办一场文艺晚会，将建筑工来一次美化，将建筑工对城市的创造来一次艺术描摹！

美我建筑工，美我劳动者，这是很重要的，这是一种文化艺术的进步！然而，诗人的视野更为开阔、宽广，视力更为深入、细致。建筑工的代表被“请上台”，让他们“醒目”，让他们与知名人士“握手”，与当红歌星“边唱边舞”，当然是够荣耀他们的了。不过，诗人的艺术触角所触及的，最重要的还是替建筑工想想，他们最需要什么？

如果不能满足他们的切身利益需要，上面的这些操作，反而成为一种“遮蔽”，甚至是为自己的政绩“炒作”。如果不是文化艺术忽视了建筑工，建筑工也就不会“真的不懂艺术”。如果不是建筑工经常被拖欠工资，白白地付出劳动拿不到报酬，他们也就不会“根本没想到/泥一身水一身　灰头灰脑/竟也能够得到这么多赞誉”！

他们总是置身高处，“就像一尊动感雕塑”，并非为了给人创造美感，却又给人创造了丰富的美感——尽管那是一种十分令人心酸的“美感”；而他们每天辛勤劳作之后，“回到更低的低处/那里有供他们栖息的/简易工棚或廉价的出租屋”，又有谁会来关顾他们，帮助他们改变这种“更低的低处”的待遇呢?

这许多,与“举办一场晚会”形成强烈的反衬,只能说明这种“晚会”太奢侈,太浪费,也只能是形成对歌舞升平景象的“放大”,和对底层劳动者生活的一种“遮蔽”。

于是,最醒目的“高楼群”,也就成了一种“遮蔽”。《高楼群》写:

> 它们不依不饶/横行四方/冲天欲火越烧越旺/几乎销毁了这座城市/所有古老的风光//谁能阻止它们/更为疯狂的梦想/看看它们看看它们/浑身上下令人炫目的一派金装/把整座城市弄得头昏脑胀/本来清朗的天空/无奈黯然神伤

高楼群,成为城市繁华的象征,歌舞升平景象的表记,也成为政绩的标志。然而,它只是一种“遮蔽”。在升平景象背后和繁华气派下面,有太多另外的生活,有太多不能发出声音的、被遮蔽的人群。

城市社会学家芒福德把发达大都市称作“暴君城”。这不仅是因为都市的压抑与异化,远甚于乡村,同时,也因为都市带来的焦虑与痛苦远非普通人可以承受。从物质层面上讲,都市是人类与大自然分裂最彻底的地方,完全是人工、技术的产物。于是乎,文化向“物化”倾斜,或者堕落成了“物化”。“高楼群”,让我们生活在一个不可逃离的虚拟生活图景之中。这个虚拟的世界那么可亲、可爱,而贫穷、压迫和种种不义,全都被虚化,甚至似乎根本不存在。不是不存在,只是我们看不见罢了。所谓“弱势群体”,只不过是众多被遮蔽的事物中的一部分。

因此，城市和天空“黯然神伤”。

有人说，诗的境界越是真诚越有魅力。我觉得也是。刘克胤的诗创造是真诚的，尽管他有时候是热讽，有时候是冷语，更多的时候是心怀坦然，拿大自然说话，并不表白自己的看法和意见，而以自然的性灵，披露社会和人的情愫。刘克胤诗的真诚，如同他人格的魅力。那就是，诗的描摹，越是朴素越是升华，生命和生存的境界，越是淡泊越是高远。

诗人的翅膀是疼痛的，依然向高远处飞翔。

《颐和园石舫》批判天子脚下的奴性，阐扬一种大自然灵性：

龟缩在脚背深的水里/不敢做/搏击大海的梦//天塌下来/整个京城都淹了

天要下雨，娘要嫁人，没有办法的事。如果能抱有这个态度，就什么都不怕。“天塌下来/整个京城都淹了”，也不怕。

就因为他敢于做搏击大海的梦，敢于搏击大海！

龟缩者就不是这个态度，怕这怕那，不敢挪动半步，不敢越雷池半步，这就是“龟缩在脚背深的水里”的石舫，奴性所致，奴性的“石舫”。

这首诗的艺术特色，以否定存肯定，是诗的另一种写法，所谓“正面文章反面做”，极富哲思，更其撼人心怀。

大自然灵性，启迪人的灵性。

《巨石》写的是受害者，自然文化被破坏的意象：

被万两黄金挟持/离乡离土 一路远行/终至成为城市里/一道道贵重的风景/还是一点都不懂/什么叫人类文明

诗写巨石的“无语呜咽”，肉耳听不到，但是，你那想象的听觉，应该可以听得到。

巨石被搬迁，由自然山林搬迁到城市，自然公园被损坏，人造公园得到修补。城市文明挟持生态文明，拆东墙补西墙，一得一失，这是什么样的“文明”经呢？巨石不懂这本经。也许，它们根本就不念这本酸经。

巨石只能使用“行走语言”，它们不会说话。

“终至成为城市里/一道道贵重的风景”，巨石并不高兴，并不以为自豪，它们只能无语呜咽。如果，我们一定要安慰自己，那么，就算是巨石哭嫁吧。

《窑洞》写的是真、善、美，把传统融入现实生活：

到延安 一定要去看看窑洞/那低矮阴暗的一孔一孔窑洞/曾经住满一群来自五湖四海/靠小米加步枪夺取天下的奇人//到延安 一定要去看看窑洞/那群身经百战住在窑洞里的奇人/有着比钢铁坚强百倍的意志/有着盘古开天地的智慧和雄心//到延安 一定要去看看窑洞/虽然那群人早已去了远方/但你依然可以真切地看到他们/当年力拔山兮气盖世的神韵//到延安 一定要去看看窑洞/在枣园 在杨家岭/面对每一孔低矮阴暗的窑洞/天外来客说不定也会肃然起敬

诗人营造了“窑洞”的大意象！

看到窑洞，就看到了革命的昨天。

如果你丢失了信念，那么“一定要去看看窑洞”！窑洞，是一种超越欲望的神性关照，是我们心目中一种更高的境界。窑洞，能孕育“比钢铁坚强百倍的意志”；窑洞，能孕育“盘古开天地的智慧和雄心”；窑洞，栓系着心魂之永恒的盼念！

我们从窑洞向前走，就一定能走向真、善、美，走出一条幸福、宽广的生活之路！这，或许是诗人创作《窑洞》的旨归。

《工地上，一个赤身裸体的男子》，营造一种特别的意象，它不属于雅和俗，而是砥砺一种思想，一种“不在场”的思想，朴素、本色，也纯真抒情：

这里是湘江岸边/永远精力过剩的挖掘机们/兴奋不已　片刻也不肯歇息/一个草木丰盛的低矮的山头/在它们手中　不用一天/就给弄得销声匿迹/世世代代在此/安营扎寨生儿育女的鸟/在空中盘旋　久久不愿离去/叽叽喳喳的叫声比之平日/少了几分轻快/多了几分凄厉//现在是下午四点/初冬的阳光/已渐渐失去暖意/我走进工地/看见一个青年男子站在那里/披头散发赤身裸体/一副旁若无人的样子/双手不时地遮掩抑或是摆弄/悬在空中的生殖器/大概是他暂时还不妨碍施工/除了我/没人给他行注目礼

一首关于“根”的悲壮诗。

在这里，“悬在空中的生殖器”是一个大意象，“根”的大意象！工业化和城镇化，以至市场化，在大力扩大城市的规模，在无情地吞噬乡村，农民被迫向城市转移，“永远精力过剩的挖掘机们”，挖去了农民赖以生存的“根”。盘旋的鸟的鸣叫，也凄厉起来，是对于失枝、失根的哀悼！

整个下午，整个的时空，都是一种悲壮的氛围。

人不能没有“根”！农民最害怕的是，失去自己的“根”了。

“双手不时地遮掩抑或是摆弄/悬在空中的生殖器”——那是一个象征，象征着农民在“护根”！因之，诗人也给他“行注目礼”。

《乾陵无字碑》给人以清凉和宁静，不必再为功利奔走竞逐：

千百年过去了/依然屹立着/任由孤独/啃噬它的灵魂/它早已学会/与世无争/除了偶尔见见/远道而来的/几个陌生游人/年复一年/日复一日/它只潜心研读/空寂的旷野上/同样孤独的风

乾陵无字碑，一个孤独的大意象。它超越时空，已经不再是对武则天的赞颂了。

乾陵无字碑，从历史局限中超越出来，恢复自己的超然，潜心于一份清凉，面对一片不必受人情与物欲困扰的、无拘无束的天地。“为而不争”。在无为的背后，存在着千古不朽的有为。乾陵无字碑，甚至是一种劝解，一个愿景，它使我们觉得眼前得失可以放开，人生境界大为开朗，而一切压力立即解除。《乾陵无字碑》，给我们提供无限宽朗的天地，使我们摆脱一切外在、后天、人为条律的压迫，找到自我，返回本真。

《茂陵即景》的写法很独特：

一蓬枯草/低头弯腰/等候//风无聊/四处走走

“一蓬枯草”和“无聊的风”的情状被放大了，这种现实的放大与历史不大相称，令人遐思不已。

茂陵，是西汉武帝的陵墓，地处西安市兴平县茂陵村。公元前87年，汉武帝墓葬于此。相传，汉武帝的金镂玉衣、玉箱、玉杖等一并埋在墓中。当时，在陵园内还建有祭祀的便殿、寝殿，以及宫女、守陵人居住的房屋，设有5000人在此管理陵园，负责浇树、洒扫等差事。这座汉代帝王陵墓中规模最大、修造时间最长、陪葬品最丰富的陵墓，被称为“中国的金字塔”，足以想见它所含蕴的那种沉雄、博大的精神和雄浑气势了。

而这首小诗，只是轻巧地几笔带过，不写历史而历史自现，不发感慨而感慨自在其中，诗的内涵，给读者以丰富的想象，让读者看见一个鲜活的历史春秋。

《汴京（开封）》写大场面，无比开阔，乃历史与现实宇宙的一种象征：

极尽奢华的巍峨的宫殿/早已化作一缕淡淡的云烟/坚固的城墙没能保住自身安全//遥远的记忆结满蛛网/除了一张“清明上河图”/梦里只剩下若干影青瓷碎片//果真没有什么成为永远/即使皇帝和他最宠爱的名妓/即使不可一世的高高的万岁山//一块太湖石回不去了/站在公园最显眼处 权当/再现历史的某个场景 某个片断

这首诗，营造北宋古都汴京的意象，用了“影青瓷”、《清明上河图》和“万岁山”及“太湖石”四种具象。四种具象，都具有最鲜明的典型性，浓缩了一部历史画卷。

影青瓷乃模仿青白玉器的色质特征烧制而成，釉色介于青白二色之间，青中有白，白中显青，俗称为“影青”，系代表宋代制瓷水平的名贵品种。一个朝代“化作一缕淡淡的云烟”，梦里剩下“若干影青瓷碎片”，也算是一种寄托与慰藉吧。

长幅画卷《清明上河图》，描绘的是汴京清明时节的繁荣景象，是汴京当年繁华的见证，主要表现的是劳动者和小市民，也是北宋市场经济情况的写照。这件享誉古今中外的一级国宝，曾被无数收藏家和鉴赏家把玩欣赏，是后世帝王权贵巧取豪夺的目标。它曾辗转飘零，几经战火，历尽劫难，五次进宫，四次被盗出宫，演绎出许多传奇故事。

“万岁山”是北宋时建造的一座假山。当时，耗费不计其数的人力、物力和财力，集南北园林建筑艺术之大全，成为全国山水奇景的一个缩影，堪称世界一绝。山峦延绵十余里，主峰高九十尺。靖康时，金兵攻打汴京，城内百姓饥寒交迫，衣食无措。徽宗、钦宗没法，只得诏令百姓到万岁山上任便采樵。于是，百姓涌至，台榭宫室为之一空。如今连个痕迹都没有了。

“太湖石”是皇家园林的布景石材，来自大自然，来自民间，是劳动者和大自然的巧夺天工。而现在，它却只能“站在公园最显眼处　权当/再现历史的某个场景　某个片断”，再也回不到劳动者和大自然那里去了。

“影青瓷”、《清明上河图》和“万岁山”及“太湖石”，四重具象契合而成古都汴京的意象，丰富而调侃，历史感慨无限。尤其是在市场经济向前发展的时候，诗人的意象营造于此有最佳选择。历史是一面镜子，可以正面照，也可以反面照；或引以为荣，或引以为戒，总能给人一些警示和启迪。就拿市场经济来说吧，北宋算是走在世界最前列了。如今，我们却还要重敲锣鼓、再起炉灶。历史也是回头路，它让人猛起直追。

汴京，劳动者的伟大创造！市场经济，也是劳动者的伟大创造！对此，中华儿女不无自豪。当今，市场经济的开拓者、创造者，依旧是底层劳动人民。

诗人刘克胤的诗创造，有自己的艺术个性。诗人不满足于只写底层、民工、乡村、城乡结合部的“主旋律”题材，也还写另外的“社会世态”，诗要展开诗人的自主性和个性思想探寻，诗的“大众化”，得要以“个性化”来加以体现。他的以“恋歌”总冠名的五十多首爱情诗正是这种“个性化”的张扬。这组“恋歌”描摹人类的爱情生活，表现爱情的种种情状，爱的神秘，爱的忧伤，爱的欣慰，爱的假设，爱的梦呓，爱的踟蹰，爱的祈盼以及爱的生离死别……在爱的天地里，“上穷碧落下黄泉”，让爱情插上翅膀，在宇内宇外放浪——诗人呼唤：“能否请上帝也给我一双翅膀/好让我伴你　走进那无尽的苍茫”。

还是一读“恋歌”《让我们抓紧时间相爱》：

旷野上到处都是奔逃的人群/风中只听见撕心裂肺的哭喊/天空不再有鸟儿飞翔/太阳和月亮一天比一天暗淡//整个世界都已坍塌　就剩我们/早先营造的茅屋完好如初是个例外/远去的人啊快快回来/让我们抓紧时间好好相爱

这应该是一首当代没有“互文”的诗，属于诗人自己“最小的个性”，以此保持诗的个性不被同质化，也是诗人个人独特的发现和表达。

乍一读，感觉到诗十分地情绪化，“不可能这样！”其实，此诗是爱的誓言的另类表述，一种爱的真情倾吐，表白爱的真挚。前一节诗，只不过是一个隐喻，把天塌地陷，世界末日作为一个喻体。爱不是儿戏，不是玩弄，只求爱的“茅屋完好”，没有别的附加。当今，诗写爱情似乎没这个写法了。汉乐府有《上邪》：“山无陵，江水为竭，冬雷震震，夏雨雪，天地合，乃敢与君绝！”不是写爱的原初情态，而是写爱的决心。

或许，现实中没有这种爱的誓言，只有“爱的行为”。诗人写这首诗，是在与现实“爱的时尚”唱反调，却没有直露，是“王顾左右而言他”，是“隐现”。然而，它却烛照了诗人的思想和人文情怀。

不赘，也不一而足。

刘克胤到了诗的收获的季节，以其诗的创造，对社会、对事业和对爱情作出吟咏，葆有一颗真诚的初心，热力依然十足，精力依然旺盛，困惑少了，悟道多了。他的几乎每一首诗都是一个隐喻，一个象征。他的诗创造，发挥着诗的精神塑造、人格养育、灵魂滋润作用，与现实交流、与百姓对话，互相交融、共同建构，并在一种共生共存中推动我们的社会向前发展。

当然，刘克胤诗创造的艺术升华空间，还是可以期许的。

（作者系国家一级作家、诗歌评论家）

目录

第一辑 世象

第二辑 人物

第三辑 恋歌

第四辑　自然

第五辑 时空

第六辑 散板

第一辑

世象

枯水季节

1

大地上到处都是裸露的伤口
目光盈盈柔情万种的河
几乎滴水未进
不到月余便瘦得皮包骨头
全然不见往日风韵
那些来不及逃走的鱼
索性哪儿也不去了
痴痴地躺在河床上等

2

最擅长找地下水
风流倜傥英姿飒爽的那些树
再也无法一脸轻松笑对风月
它们个个形容枯槁
心率衰竭
谁能相信它们
曾经是这辽阔的大地上
快乐的王者

3

千年古井

露出一颗干裂的心

早已欲哭无泪

自以为法力无边的神

坐在天庭　垂头丧气

争夺水源的搏斗还在继续

人与兽　谁都不愿意

过早地被这个世界抛弃

4

大地上只剩下最后一个人

太阳和风

渐渐停止了各自的暴虐行径

月亮恢复了本来面目

撒下的银辉

丝丝清冷

让那人干裂的唇

感觉有些湿润

高楼群

它们不依不饶
横行四方
冲天欲火越烧越旺
几乎销毁了这座城市
所有古老的风光

谁能阻止它们
更为疯狂的梦想
看看它们　看看它们
浑身上下令人炫目的一派金装
把整座城市弄得头昏脑胀
本来清朗的天空
无奈黯然神伤

在阎良机场

在阎良机场
同学接我去下榻的宾馆
拉开车门刚要上车
一只蚊子急忙追上来
热情地和我打招呼
好像我是它久违的朋友
好不容易等到今天
才见上一面

二十年前在西安求学
每当遭遇蚊子
年轻的心难免怒火中烧
不是扑打便是奋力驱赶
二十年后　谁曾料到
他们的后裔不计前嫌
还表现得如此友善
我总算多了几分释然

比如吃饭

我一直都在用心实践
父亲一生遵从的一些古训
父亲教我的好多东西
我都想原原本本教给孩子
比如吃饭
一定要用手端碗置于胸前
一定要俯首躬身
有如面对神灵那般虔诚
决不许一手执箸一手闲着
挑着米饭往嘴里送
父亲说　这副漫不经心
甚至有些傲慢无礼的样子
不单是对炊者之不敬
也是对碗里的米饭
极大的不恭

可能孩子现在还太小
听了这些　只是似懂非懂
但每次坐在餐桌前
我依然不忘给予提醒
不提醒就觉得像是故意
漏掉一件最最重要的事情

杀牛

被一块厚厚的黑布蒙住眼
被事先做好的圈套锁住脚
一头再也无力耕作的老牛
知道自己　大限已到

血色的河面上起风了
夕阳一脸茫然
四条汉子齐声嘿的一下
朝同一方向拉动绳索
把它轰隆一声放倒在地
就像放倒一座山

一把刀　如同一道闪电
绕它粗壮的脖子转一圈
就取下了它的头
它四条腿本能地踢蹬几下
来不及运足力气
喊出最后一声“哞——”

遭遇停电

突然　灯火了
不独一家
整个小区都黑咕隆咚
他坐在黑暗中闭目养神
等人去探寻究竟
然后告知有关部门
迅速采取行动　责令电
沿着熟悉的路径跑回来
重新点亮光明

二十分钟过去了
半个小时过去了
小区依然一桶黑漆
一个小时过去了　终于
从对面的某个窗口传出
“停电了——”的喊叫声
他才如梦初醒
睁大眼睛望着　黑暗中
依旧哑然无语的那盏灯

为建筑工人举办一场晚会

他们根本没想到
泥一身水一身　灰头灰脑
竟也能够得到这么多赞誉
更没意识到自己
是在为一座城市服务
他们背井离乡
有活干心里才舒服
挣了钱心里才踏实
他们劳动时的身姿变幻
可能被诗人妙手描绘
成为一座大厦
或一座桥梁的缩微图
他们也许真的不懂艺术
但他们任何时候都明白
什么叫快乐　什么是幸福
他们总是置身高处
远远地就像一尊动感雕塑
收工了　他们又回到地面
回到更低的低处

那里有供他们栖息的
简易工棚或廉价的出租屋
不像今夜摇身一变
成为一座城市的贵宾
他们中的三个杰出代表
被请上台
与知名人士握手
与当红歌星边唱边舞
聚光灯下　显得特别醒目

那么多水果都烂了

偌大一个市场
贩卖的都是水果
这些水果来自全国各地
在这里汇集
以为这里物畅其流
能够碰上好运气
它们离开家乡
千里迢迢　车船劳顿
不仅不以为苦
反倒好像松了一口气

我曾多次走进这个市场
不为生计　只为感受
这里红红火火的生意
真是人头攒动车流不息啊
叫喊声喇叭声此起彼伏
场面混乱且十分拥挤
在南边稍为空旷的一角
堆满被丢弃的各种水果

霉烂的气味直冲而来
过往者谁也无法躲避

这些水果
是离开家乡时没经过挑选
还是到达目的地后
供过于求　误了保质期
似乎没人太在意
它们经常一箱箱一车车
被卸在市场一角
等人来做垃圾清理
不知谁又会心痛
谁又会为它们叹息

洗

从南到北　从东到西
洗脚洗澡洗脸洗头的招牌
个个不分昼夜　笑脸相迎
成为一座城市绝美的风景

小小的洗发液沐浴液洗面奶
大畅其销　赚得满钵满盆
时代变化快　个个讲卫生
乃令人欣慰值得提倡的好事情

下水道不堪忍受剧烈的胀痛
城市管理者不得不考虑斥巨资
多建几个污水处理厂
迅速增加城市的排污功能

一个大款的死因

正值壮年的大款
寿终正寝
成捆成捆的钞票不守信用
终于没能治好他的病

他是一座城市的名人
走到哪里都一脸兴奋
好多小姐和先生
远远闻见他的一身钞票味
就会莫名其妙
激动难忍

他还没来得及饱览名山大川
尽管五大洲的好多角落里
曾留下他放浪的笑声
这是他赚了钱后最大的快乐
据说陪他睡过的各种肤色
不下百人

白纸黑字的讣告
羞于写明他的死因
文明人谁也不想无聊
像个长舌妇一样去议论

磨刀

一个人悄悄地在深夜磨刀
那些进入梦乡的虫呀鸟呀兽呀
那些打着鼾的树呀藤呀草呀
应该不会知道
要不怎么睡得着
背时的月亮可能不小心窥见了
她脸色苍白　浑身发抖
全然没了往常那种甜美的笑

流浪狗

走进一个即将消失的山庄
冷不丁遇上一条黑狗
它看上去有些脏
于此偏僻处与它狭路相逢
心中不免陡然紧张
没想到它抢先一步
迅速跳到菜地里
斜着眼朝我望了望
旋即转身走了
我不知道它要去何方
只能肯定它绝对不会
把这次相遇放在心上
更懒得想给我留下什么印象
它很快从我的视野里消失了
而我却边走边思量
荒郊野外的这条狗
如何也懂得谦让
它也许曾经被人豢养
可现在　分明是在流浪

是不是他见多识广
瞬间看出了我
文质彬彬的外表下
隐藏着凶相
或者　纯粹出于
对人类记忆犹新的某种恐慌

向蜜蜂学习

它们的外衣
是风
是阳光的薄片
它们的生活简单而愉快
你要好好学习它们的语言
试着与它们交谈
你不要害怕　孩子啊
它们很友善
决不会像某些人类
动辄使用暴力
它们不会蛰你的
除非把它们逼得忍无可忍
除非让它们陷入极度危险
它们天性乐观
一心热爱大自然
懂得如何顺应时令变迁
现在正是春暖花开的季节
它们忙碌了一天又一天
田野里　草原上　丛林中

它们的身影随处可见
出去走走吧　孩子
听听它们说些什么话
拜它们为师吧　孩子
你会感觉心情舒畅
你会看到另一个世界
你会拥有更蓝更明朗的天

孔雀

1

世人欣赏的只是尾部
吸引眼球的几根羽翎

哪怕开口不成声
哪怕心肺有毛病

2

最沉迷应接不暇的闪光灯
没在意无遮拦处露了丑形

露珠

这些让草虫
反复吟唱的露珠
这些令风
怦然心动的露珠
早已忘了回家的路
太阳出来的时候
被突然放大的
亮光和暖流团团围住
一个个惊慌失措
泪眼模糊

星星

一次次登上山顶
方才知道星星遥不可及
方才发现自己多么愚笨
几十年来竟然一直听信
一个名叫李白的唐朝诗人
但这丝毫不影响我
一如既往仰望星空
星星与我分属两个世界
它们的光芒永远闪耀
永远点亮我小小的心中
那盏至高无上的灯

草

一生趴在地上
付之一炬　或是
横遭践踏
被人一脚踩进泥里
连哭都悄无声息
更有甚者
鞋子沾满了秽物
先要顺便在它们身上
使劲蹭一蹭
才去用水洗
好像它们本该
接受这些晦气

夜宿山寺

等我熄了灯　整座山
只有寺里那些香火和蜡烛
幽幽暗暗地亮着
许是那些虫呀鸟呀
早就进入了梦乡
四周异常的静
星星开口说话
估计也能听得清
而山下那座城
凌晨一点了
依然火树银花车水马龙
我猜那里的虫和鸟
必定苦于光和声围困
一任疲惫的身心
在百般无奈中等待天明
一些因此获疾的体弱者
恐怕时间长了
病情会恶化
甚至成为不治之症

巨石

被万两黄金挟持
离乡离土　一路远行
终至成为城市里
一道道贵重的风景
还是一点都不懂
什么叫人类文明

高处

空洞的风
大　而且冷
攀登者欲罢不能

花

1

一层一层
把自己裹紧
终究抵不住风

2

不言败
只管开

3

都敢登台亮相
不肯放弃表达
自己的主张

4

仅仅一点
红
绿叶
围个水泄不通

动物世界（组诗）

虎

夕阳下
低着头
思念
武松那厮

一声长啸在山谷久久回荡
无法抑制的泪水
夺眶而出

猴

爬下树
尝试着站起来
做人

偶尔也装点斯文

鹤

留下一串笑声
留下一片云

逗鸡
开心

龙

一鳞半爪
都没现过

躲在云层背后窃笑
众生把头磕破

无常

沉睡百年的火山一朝喷发
刚刚落成的大厦顷刻坍塌
创造文字的人类成了哑巴

乾陵无字碑

千百年过去了
依然屹立着
任由孤独
啃噬它的灵魂
它早已学会
与世无争
除了偶尔见见
远道而来的
几个陌生游人
年复一年
日复一日
它只潜心研读
空寂的旷野上
同样孤独的风

它们不会放过任何机会

如果不是这几天气温骤升
它们应该早早收拾停当
躲在某个温暖湿润的地方
享受一个冬眠的安然与宁静
人们会暂时忘记它们　至少
会宽恕它们曾经犯下的罪行
不想进入深秋还如此兴奋
胆子究竟大得惊人
看看它们肚子里装满的血吧
点点滴滴都是作恶的铁证
指责它们不懂安分守己
它们不会因此增加一份理性
厌恶它们总爱挑起事端
世界不会因此增加一份太平
不要寄希望于它们
它们不会放过任何一丝机会
它们从不害怕
暴露自己阴暗无耻的灵魂

遗憾

我真想一直和它保持一种
和平相处的双边关系
并未坚持一定要与它对立
十分遗憾　这么多年来
它太不知趣　吸点血也罢
还嗡嗡嗡地叫嚷
像一台永远狂躁的发动机
我不想知道它
是难改与生俱来的流氓习气
还是意在标榜自己
比我精力充沛更富战斗力
这次我是真的忍无可忍了
我不能再让它纠缠下去
我无法一味放纵它的无礼

从未见过钉子喊疼

全然不似刚直冷峻的外表
每颗钉子显得都很温驯
这是一个铁的事实
只要真有一丝可能
它们都会配合主人
尽量往纵深挺进
即便实在遇到了困难
也一声不吭
任凭铁锤砸向头顶
它们从不喊疼
顶多只是弯下腰
向主人深深鞠一躬
表明自己已竭尽所能
这个时候　聪明的主人
就会赶紧吞下一口冰
一边向铁锤发出
停止冲动的指令
一边细细考量
就此作罢　还是另辟蹊径

我不相信

2008年天灾人祸接连发生，南方五十年未遇的冰灾，四川汶川大地震，三聚氰胺毒奶粉事件，金融海啸等，震惊环宇，令人揪心。新年即将来临，隐约听到祈祷的钟声，乃命笔，为新年献辞。

我不相信诸神的法力
超越我所敬畏的大自然
我不相信伟大而神秘的地球
因为没有了人类而停止自转
我不相信看似偶然的一场灾难
只是一个简单的偶然事件

我不相信向往蓝天的鸟儿
竟然感谢狂风把翅膀折断
我不相信露珠的问候与祝福
会弄脏一朵鲜花的脸
我不相信善良的心乐意
接受谎言一次又一次欺骗

我不相信加入三聚氰胺的奶粉
能让孩子们长得更加强健
我不相信不足六毫米粗的铁丝
能帮一栋校舍撑起剧烈摇晃的天
我不相信飞扬跋扈的华尔街
能给众生带来滚滚财源

我不相信脱口而出的承诺
字字千钧　一定兑现
我不相信壮丽巍峨的群山
总被云遮雾掩
我不相信纸包得住火
怎么烧也烧不穿

我不相信这个世界
病入膏肓　命悬一线
我不相信新年祈祷的钟声
纯粹只是一厢情愿
我不相信上帝厚此薄彼
尽把苦难　留在苦难人身边

看日出

等我赶到光明顶
几处观景点上
都黑压压挤满了人
连一根针也插不进
来得稍晚的人
在外围转悠
心中怀着同样的兴奋

等待显得有些漫长
但谁也清楚此时的等待
多么激动人心
太阳终于浮出云海
观景点上一阵骚动
发出一片啊啊啊的欢呼声
多情的相机不再矜持
纷纷叫自家主人侧过身
尽量争分夺秒
选择一个最佳角度
与初升的太阳合影

外围的人
无法看到日出那一幕
大多只是踮脚翘首
权当表达　那一刻的心情
通过观景点上热闹的人群
他们大致也推断出了日出
该是一个怎样壮丽的美景

城市印象（组诗）

1

没有哪个夜晚
规规矩矩
保持一份淑女的宁静
咣当咣当的空气锤
无法抑制内心兴奋
它们总是见缝插针
炫耀自己
与生俱来的强劲
热情奔放的焰火
酒和失眠　成为这年月
最畅销的消费品

2

情急之中
贞操已贱卖
似乎全然不知什么是丑
什么是美与爱
一批又一批早产的高楼

胡乱挤成一堆
说不明生长素的悲哀
道不白避孕药的无奈

3

喜欢造势的美容院
一年到头不曾消停
歪瓜裂枣　几刀下来
个个都能成为大明星
穿戴鲜艳的霓虹灯吃了春药
把整条街都弄丢了魂
本来安分的星星无法自持
每每趁着夜幕降临
聚会于摩天大楼的尖顶
一遍一遍竞相揣摩
如何与反复注满
又反复倒空的高脚杯
调情

4

一身病　除了
口舌生疮肝火太盛

还落下许多羞于启齿的顽症
貌似规规矩矩的广告牌
谁也不敢小视
仅凭几个简约的词汇
便让一帮陌生的家伙
一觉醒来成为名人
偶尔几只鸟
划破广场上空的沉闷
有识之士和孩子们
都慷慨
报以经久不息的掌声

感恩

新华社2005年12月3日电，截止12月3日9时，黑龙江七台河东风煤矿“11·27”特大爆炸事故，至少造成169名矿工遇难，
另有两人下落不明。
专家鉴定，事故原因不是瓦斯爆炸，
而是煤尘爆炸。

侥幸逃出来的人应该感恩
差点被死神揪住衣领
拖着两条风湿严重的腿还能逃命

刚刚刨上来的人应该感恩
黑暗中几次饿得发晕
总算得了机会可以好好吃一顿

下落不明的人应该感恩
死亡单上尚未忝列尊姓大名
亲人至少还能提心吊胆地等

恶贯满盈的瓦斯应该感恩
这次没有找到曾在现场的罪证
那个倒霉蛋凶手叫“煤尘”

草与树

树挺着胸
草踮起脚

树的心思草难以猜透
草的生世树无意知道

树说什么
草点点头

矿难

一个个黑漆漆不见天日的深渊
一次次明晃晃直抵灵魂的震撼

山只当天寒
打了个冷颤

命运

这么晚
还有人敲门

琴已布满尘土
来者可是知音

冷嗖嗖
迎面扑来一阵风

风之咏（组诗）

1

依傍着树
等山回复

2

扯上一片云
一路走一路说
野惯了的心
怕路上寂寞

3

几次都摔了下来
还往上冲
山
纹丝不动

4

一身素服
与雪共舞

5

似乎没有禁区

哪儿都敢去

锁也锁不住

6

是条硬汉

不肯罢休

一息尚存

径直走

7

挟冷雨

一路横扫

树吓得低着头

浑身发抖

8

在云的浪里

在鸟的两翼

终于躺下了

化作一山冷寂

9

恹恹的

抬不起头

还整日寻思着

与佳人相约黄昏后

10

就知道

吼

从不愿想想往后

11

欲破门而入

似乎无所惧

刚开步就一个趔趄

还是有点心虚

12

哪儿也不去

留在山谷

任红帆一叶
把海等枯

13
夏天走了很久
没见冷清好多

无法熄灭
心中一团火

14
来去自由
还愁

树也直摇头

15
当街劲舞
扬起厚厚的尘土
什么也没说就走了
路人一脸愁苦

16
趴在云的背上

看海

17

夕阳里洗个澡

枕着一片蛙声睡了

18

云都跑远了

不去追

坐在岸边

陪树观天色

19

突然陷入沉寂

或是被山看出了

心中无法言说的秘密

20

雨没落下来

不肯表态

树呆呆地站着

一脸无奈

宴

嘴巴海阔天空
牙齿昏昏欲睡
只有文明的筷子
迈开矜持的双腿
用沉默
一一点评
人间往来
管它酸甜苦辣咸
管它是是非非

大雪缤纷舞
朔风凛冽吹
宴请的热情
从不后退
尊贵的毛毯
涨红了脸
躺在懒洋洋的地上
说不出
几分醉

水（外二首）

平素本本分分
一旦堤坝决口
谁都想抢先跑出去

云

总担心
遇上闪电

请教满腹经纶的风
也没得到高见

流星

一念之差
动了心

想打住
来不赢

电梯

等待　等待　等待
每张脸上都写满焦灼与无奈
楼上的等着电梯上去
楼下的等着电梯下来

有的刚出来又进去
有的刚进去又出来
有的才下来又急着上去
有的才上去又赶紧下来

电梯司空见惯
像明白　又像不明白

静物（组诗）

茶杯

注定要
反复充满
又反复
倒空
及至弃之一隅

墙

竖起来　为了安全
推倒　也是为了安全

鞋

一生无悔
尝够路的滋味

砖

叠罗汉
可不是
闹着玩

越往高处
跌下去
摔得越惨

礁石

不随波逐流
保持自己的棱角

坐着看海
至情至性的舞蹈

心愿

在我熟悉和不熟悉的地方
还有很多人　他们卑微地活着
唯一的财富就是自己的命

而我　虽然四肢健全满腹经纶
若要问起对他们有什么帮助
真还不如一块铁或者一粒花生

夜深人静独守一隅的时候
我常常用泪水洗刷自己的良心
从不担心自己的双眼过早失明

总有一天我会消逝就像一阵风
如果可能　请允许我的灵魂
化作苍穹深处一颗遥远的星星

中草药

置身水深火热中
备受煎熬

一堆无用的渣
当作垃圾倒掉

最高处的一枚果

风挟寒流在林中穿梭
兄弟姐妹走了一拨一拨
它依然守望在枝头
不肯说出最高处的寂寞

面容已然枯槁
身体越来越虚弱
它不知道哪天
会突然从枝头坠落

可可西里在哭泣

1

不知从哪天起
藏羚羊的角和皮
变成了叮当作响的金币
世世代代平静安宁的可可西里
处处暗藏杀机

2

人类贪婪的本性
常常令自己陷入不仁不义之地
人类高贵的智慧
往往成为最最凶残的利器
可可西里啊　可可西里
可知月亮为你哀婉
可知太阳为你叹息

3

藏羚羊的处境
无疑是人类处境的一面镜子

藏羚羊的结局
必然是人类结局的一个缩影
如果藏羚羊不得不面临
种族灭绝的危机
人类也无法在这个星球上
找到立锥之地

4

在远离可可西里的一座城里
我分明闻到藏羚羊的血腥气
我分明听见可可西里在哭泣

狗人（外二首）

狗仗人势司空见惯
人仗狗势也不新闻

拿狗当人绝非错认祖宗
拿人当狗可是狗眼看人

世道媸妍莫辨
狗人真假难分

蝗虫

口器坚硬
更兼善于飞行
所到之处
庄稼个个胆颤心惊
谁也无法逃脱
被吃的厄运

蚊子

它知道
事关痛痒
必然有反抗

还放肆
嗡嗡嗡瞎叫
一副挑衅的模样

菩萨

于高处
或立　或坐
从未答应什么

面都熏黑了
还是参不透
袅袅香火

第二辑

人物

弹三弦的老汉

他这一生
显然没有辜负黄土高原的阳光
显然没有辜负黄土高原的风
黑黑的脸上刻满了
又深又密纵横交错的皱纹

他是一位典型的陕北老农
少说也有七十高龄
当我走出商店
他正一边弹三弦一边扭秧歌
娱悦远道而来的过往游人

一曲终了
仅仅得到稀稀落落几点掌声
他好像并没有在意　稍稍停顿
又弹起了他的三弦琴
仿佛自己是天下最最幸福的人
此时此刻无法抑制内心的兴奋

工地上，一个赤身裸体的男子

这里是湘江岸边
永远精力过剩的挖掘机们
兴奋不已　片刻也不肯歇息
一个草木丰盛的低矮的山头
在它们手中　不用一天
就给弄得销声匿迹
世世代代在此
安营扎寨生儿育女的鸟
在空中盘旋　久久不愿离去
叽叽喳喳的叫声比之平日
少了几分轻快
多了几分凄厉

现在是下午四点
初冬的阳光
已渐渐失去暖意
我走进工地
看见一个青年男子站在那里
披头散发赤身裸体

一副旁若无人的样子
双手不时地遮掩抑或是摆弄
悬在空中的生殖器
大概是他暂时还不妨碍施工
除了我
没人给他行注目礼

弹匠

扛起一张巨大的弓
不停地挥动手中的木槌
他想用尽量明朗欢快的节奏
弹出他生命中最美妙的乐章
那些棉花　不管是
轧花机上走来的新宠
还是棉被棉衣上拆下的旧情
一律踏着他的节奏舞动
仿佛每一根神经都被他撩痒
这种场景很容易让他陶醉
很容易让他产生某种幻象
他把那堆渐渐蓬松起来的棉花
看成一团兴奋的云了
正驾着这团云一路腾升一路唱
他的情爱　他的梦想的梦想
全都沐浴高处洁净温暖的阳光
不过　他还是愿意回到地面
他要做一个面对现实的人
一个不逃避困难乐观豁达的人

他知道　除了田里的几亩稻子
家人只对他的这张弓寄予厚望
他从不埋怨肩上的担子重
很清楚作为一个男人的分量
他庆幸　除了种田
这个世界还有用得着他的地方

铁匠

湘江边上的一个简易渡口旁
他的这家铁铺声名远播
至少覆盖方圆二三十里
乡人只对他的手艺深信不疑
他已年届六旬
胳膊和胸脯的肌肉鼓鼓的
常常引来一些女人
不明不白的妒嫉
他一辈子就爱打铁
偶尔也拿嵇康自比
这让我很吃惊　忍不住猜想
他心中到底隐藏了多少秘密
我只听说他一生很传奇
不知道他究竟来自哪里
他生性乐观
似乎很愿意带徒弟
有时见一些城里后生好玩
想趁坐船过江的空隙
试试自己的臂力

他总笑眯眯的欣然同意
并且还不时指点
悉心传授自己的绝门手艺
这个时候　铺子里就会爆出
阵阵爽朗的笑声
让人久久都无法忘记

父亲

父亲不算底蕴深厚的文化人
耕田种地却做得很出名
然而在那个年月
我们一家还是难免遭遇
粮食短缺的困境
父亲从不在我们面前叹气
他总是显得精神十足有干劲
也总能想出办法
比如以菜代饭　挖蕨根磨粉
从不让我们腹中空空
他经常给我们讲的一句半话
我至今还记得很清
一句是一个伟人说的
“我们的同志在困难的时候
要鼓足勇气，要看到光明”
半句是他自己的创作
“只要帽子底下有人”
他是那样执着　那样自信
把每一个孩子都视为自己

未完成的作品
深怕用心不够　有辱祖宗
直到我们终于长大成人
我和弟妹先后都进了城
安居乐业　懂得孝顺
他才不再管我们的事情
偶尔跟我们谈起过去也只是
夸我们　说给他脸上贴了金

我最最真实的声音

我可以不像一些大人物那样
只说关乎天下的宏论　也可以
不像有着深厚情怀的诗人那样
关注远隔千山万水的陌生人
但是我的至亲　我的那些
为了生活尚在苦撑的远亲近邻
让我无法扼住自己的咽喉
一辈子　哑然无声

我的二弟　健壮如牛
三十岁被外乡人用车撞到
什么都来不及说就走了
短暂的一生就像一场梦
爱我如掌上明珠的奶奶
并非患了不治之症的奶奶
未满六十岁就被上帝唤去
再也无法听到我清脆的叫喊声
我未曾谋面的爷爷未及四十
不堪生活的重压和支气管炎

在正月的一个寒冷之夜
忍着千般万般不舍
告别了妻子和五个子女
恍如旷野上的一阵风
还有我的外婆　二十四岁守寡
靠纺棉纱做布鞋
把三个年幼的子女养大成人
每当夜深人静时想起他们
我的心便隐隐作痛
脸上禁不住泪水涔涔
我的姑和舅我的表兄弟姐妹们
还有那帮乡音不改
我从小就十分熟悉的
老实巴交的农民
他们大多至今依然
守着几亩薄田辛苦耕耘
就算外出寻点活干补贴家用
也难保不受欺凌
看到这些　想到这些
我就觉得自己多么无能
根本没有脸面说出那句
“以天下为己任”的导训

我这一生　没有机会
高谈那些关乎天下的宏论
我只愿把自己内心深处的
那份爱　那份情
说给我的至亲听
说给我的远亲近邻听
我唯一能做的就只这么多
我唯一要做的就是发出自己
最最真实的声音

捕鱼者

他的生命源自这条河
他生命中所需的一切
都藏在这条河里
比起岸上刨食的农民
他似乎多了一份闲散
多了一份惬意

他打了四十多年鱼
现在是冬季
上午十点前
就完成了一天的交易
剩下的时间
大都泊在渡口附近
晒晒太阳抽抽烟
并不时饶有兴趣地看看
来来往往过河的人
如遇天雨
他也很少上岸
一台巴掌大的收音机

陪他在低矮的船舱里
消磨一时的清冷和孤寂

他一辈子没娶过女人
他习惯了孤身一人
“一人吃饱全家不饥”
他笑着说这话时
露出一口黑黑的牙齿
像是怕别人不知道自己
没有掩饰
更没半点矫情的意思

陪胜勇去舅舅家

胜勇的舅舅家　坐落在
朱亭镇一个偏僻的小山冲
到湘江岸边的垂直距离
顶多不过一公里
翻山越岭转圈子
却弄得我们有些喘粗气

胜勇的舅舅中了风
能拄杖慢行但不能说话
舅妈看上去当算好身体
我们几个的突然造访
他俩先是一愣
转而大喜

在舅舅舅妈眼里
胜勇从小就有出息
听到胜勇又搬了新房子
把娘也接到了城里
舅妈连连插话夸奖

舅舅则一直望着胜勇
脸上努力保持着
见到胜勇时的那一份笑意

舅妈

舅妈今年五十好几
三个儿子都成家了
在城里经营各自的生计
那栋建于十年前的房子
让本来僻静的小山冲
显得更加孤寂
舅妈似乎不以为然
逢人便把笑挂在脸上
只肯奉行乐观主义
舅舅从工厂退休回家
不到两年突然中风
她白天黑夜服侍周全
眉都不曾皱过一次
她总有使不完的精力
屋里屋外　一年四季
收拾干干净净整整齐齐
时令进入初冬
她又养了五头猪
添了十几只鸭十几只鸡

门前山上一片坡地
也深怕让它闲着
全都布满了油菜
碧绿碧绿的
阳光下特别显得有生气

诗人

他行迹无涯　四处漂泊
像一只被命运驱使的候鸟
从未停止他孤独的旅程

他关心河流草原沙漠森林
惦念大地上每一个生灵
他总是满怀热爱和虔诚

他记录阳光下发现的黑暗
也记下黑暗中看到的光明
他的心始终纤尘不染　一如
雨后的天空异常明亮和澄净

他这一生　只选择默默隐忍
即便遭遇比常人更多的不幸
也要在自己的心灵深处刻下
对世界的一份依恋一份真情

母亲

我曾经一次又一次拿起笔
想写写我的母亲
却不得不一次又一次放弃
我终于知道
此生皓首穷经也找不出
更为丰富更为贴切的词汇
表达我对母亲的爱与感激
我的母亲
一生节衣缩食养育六个孩子
上帝最终只肯她收留三个
她只是默默流泪　不言怨恨
我的母亲
比菩萨善良　比蚂蚁勤劳
她对儿女们的那份情那份爱
就像她在深秋之夜
亲手赶制的一件件粗布棉衣
针针线线让我永生无法忘记
我的母亲
行动的确不如先前那么敏捷

霜和雪也早已爬满她的双鬓
她却说自己还年轻
几年前她居然在一间染发房
找回了逝去的青春
我的母亲今年只有六十七岁
她的隐忍她的温顺她的慈悲
相当长时间内还足够支撑她
对儿女点点滴滴的牵挂
还足够支撑她　始终保持
对上帝的一份虔诚一份信任

篾匠

一根青青的竹子
到了他手里
就不会那么倔强傲气
他或劈或撕
动作既轻巧又细腻
不消半天功夫
便将一根粗壮刚直的竹子
弄成一把一把
像面条宽窄不等的东西
有的竟薄得透亮近乎蝉翼
他总要把一天功夫做足
从不吝啬自己的力气
他视名声为命
从不保留自己的手艺
他因此远近闻名
终年走村串户　好不得意
后来他上了年纪
知道再也无法上门去做
这门已然颓势的老手艺

更不可能还有人来当徒弟
才不得不把那些工具
统统抹上一层黄油包起来
藏进自家阁楼里
后来听说他死了
死在自家屋后那片竹林里
在他死后多年
村里一些年岁大点的人
还一直在夸他做的篾器
还一直夸他有一副好手艺

木匠

在他眼里
每根圆木都是好样的
凭藉多年的经验
他基本上可以做到
量材而用　用当所用
绝不随意取出
一顿斧凿之后又弃之一隅
他知道长成一颗树多不容易
也许遭遇过狂风的鞭打
也许遭遇过雷电的劈杀
也许遭遇过干旱的刁难
也许遭遇过病虫的侵害
他必定左思右想
反复权衡和比对
把它们用到当用处
这难免耽搁一时半刻功夫
但他认为值得
他因此体会到了
别人无法体会到的幸福

空号

一次又一次拨打
那个烂熟的手机号码
得到的仅仅是
同一个熟悉而陌生的声音
半年过去了
一年过去了
他还不灰心
以为总能够听到那个人
哪怕只是片言只语的回应
每每想起那个人
就反复拨打那个号码
直到那个号码变成了空号
他还是不肯相信
那人确实已经走远
远得杳无音讯　无处可寻

漆匠

他正准备为一户人家干活
这户人家看中了他的手艺
请他为众多待嫁的木器
做套鲜亮的外衣
他一一查看了每个物件
它们的木质及做工状况
每个细节都记在心里
先刮泥子　补平塌陷和缝隙
再用粗砂纸　再用细砂纸
一遍一遍反复打磨
每一处都打磨得仔仔细细
直到物件表面
达到经验要求的那份细腻
最后　还要用绒布一一擦拭
确认这些物件洁净的表面
配得上即将刷上去的漆
他最鄙视偷工减料
从不心存侥幸　认为
工匠的粗疏他人看不出底细

他宁可慢点　再慢点
决不放过一丝瑕疵
在他眼里　任何一点遗憾
都被视为自己的劣迹
他要等到刷出来的每个物件
光彩照人　无可挑剔
才敢长长地舒一口气
那时　他也才可以看见自己
该是怎样的神采奕奕

砌匠

每年他都花大量时间练习攀缘
手脚架是不断向上生长的藤蔓
他要顺着这种植物一直爬
直到一座大厦的顶尖
现在　他置身悬崖边沿
脚下是藏着巨大食人兽的深渊
城市的生长速度令他喘不过气
但他无法慢也无暇提心吊胆
他绝对不会放下手中的砌刀
从高处纵身一跃
像一根羽毛悄然回到地面
又绝对不想被别人当作砖
砌进一座大厦
这不符合自己和家人的意愿
他只能尽量谨慎一点
把肌肉的麻木和关节的酸痛
尽快拌在汗水里砌进去
他知道这样才能双赢　至少
大厦的成本会得到有效控制
保持相对低廉

箍桶匠

瑶乡之行遇见他
大家叫他老古
他的父亲上世纪七十年代初
把这个手艺传给他
让他成了这座大山里
受人敬重吃百家饭的大师傅
住在大山里的人
用不惯形形色色的塑料制品
他们一般就地取材
用山上的杉木做桶和盆
这使得他
在这个工业化无孔不入的时代
还有机会走村串户
单靠一门差点淘汰了的手艺
赚取一生幸福
谁家用旧了的桶呀盆呀
或烂板了　或炸了箍
把个信他就上门去
该拆板的拆板　该换箍的换箍

花不了多少功夫
那些一不小心就会散去的木板
又十分紧密地团结在一起
一件本来无法继续服役的物件
于是又可以接受新的任务

大舅

吐尽最后一口气
他将自己的一生
停在仲春的一个早晨
委托太阳正式宣布
他与折煞他整整五年的病魔
他与所有的亲人包括这个世界
从此断绝联系
门前开满金黄色的油菜花
是他回馈上天的一份薄礼

他在我脑海里没留下太深的印记
只知道他喜欢喝杯酒
没有酒就浑身没力气
无论过节还是平素我们去了
很少听到他说什么
也难见对我们表示亲昵
但他有一手好厨艺
总能让我们美美地海吃一顿
我们也因此对他一直心存感激

他去年底才满七十一岁
他的三个儿子一个女儿
还有那些善良的邻居
还有花光了他一生积蓄
尽职尽责的医生
再三挽留他都于事无济
最后三个月水都很难咽下
当我赶去见他时他躺在水晶棺里
瘦得只在一架骨骼上蒙了一层皮

临终前他没有留下一句遗言
什么时候下种育秧　耙田锄地
泥一脚水一脚忙了一辈子的事
现在一概不用惦记
前来吊唁的人站在他的身边
轻轻地说起他的这啊那啊
他大概什么也没听见
就算听见了　一如从前
他肯定不会太在意

十二岁的女清洁工

十二岁的年龄
本不应该去掂量
生活的重与轻
学校里极富爱心的老师
应该还没告诉她
如何掌控
一个人的命运

她的母亲病魔缠身
这份清扫大街的工作
就像一截拐棍　支撑着
她家摇摇欲坠的那个屋顶
清晨五点出门
只有星星睁大眼睛
十分惊讶地望着她
细小单薄的身影

她被热心的媒体称作
“最美的清洁工”

恕我对这个女孩不敬
我要发问
偌大一座城市的不洁
身单力薄一个小女孩
如何打扫干净

两个疯子的幸福生活

一男一女两个疯子
衣衫不整　头发既乱且脏
他们好似一对夫妻
每日形影不离　手挽手
穿行在大街小巷
一副恩爱无比的幸福模样
他们的眼睛异常清澈明亮
全然不似一些时髦男女
空洞无神　暗若冥光
他们居无定所食无定餐
一年四季却不见什么痛痒
这个世界极力想排斥他们
他们也习以为常
普天之下　整座城里
他们像是得了神的旨意
无需见风雨而躲避
无需为名利而奔忙
无需精于算计　无需
动辄反应过敏　神经紧张

面对一只空酒瓶的智慧和胆量

惯于沉默寡言的他
一反常态
满座宾客大吃一惊
他的脸如同一坨燃烧的炭
红光熠熠　热气腾腾
两道目光已有几分醉意
但仍不失灵动
面对一只空空如也的酒瓶
此刻　他兴奋莫名
像是刚刚品尝过
胜利者的那份喜悦与豪情
他清了清嗓门
告诉众人就在今晚
他要把一肚子的话
一次性吐干净
他滔滔不绝　俨然喷井
根本不在乎有没有人喝彩
根本不在乎窗外的风
是不是在窃听

时间不会忘记一位老人

不曾污染的高山湖水一样
他的目光
澄净　睿智　安详
未经开垦的千年草原一样
他的心地
宽广　富庶　善良
他脚力强劲
一生都在行走
向着太阳升起的方向
那年他引爆一个春雷
带给大地无限生机和向往

谁最令我们感动

白芳礼　一个耄耋之年的人
一个靠微薄退休金勉强度日的人
一个苦力助学却无怨无悔的人
一个被誉为“当代武训”的人
死后第三年
终于引起了主流媒体的强烈反应
2007年46家网络联合
主办首届“感动中国人物”评选
真实记录了
国人的良心

自74岁高龄始
在一座歌舞升平的大都市蹬三轮
去追赶心中那个无言的梦
连小学四年级的学生也算得清
一滴汗水价值几何
一次弯腰赚得几文
那些接受资助的孩子们
肯定会心疼

18年　35万元　300多学生
绝非三个简单的数据
只需用其中蕴藏的
一份情一份爱制造一个春雷
沉睡千年的河
沉睡万年的山
都会即刻睁大眼睛

我们中的很多人
为什么常常被一首歌所感动
甚至看见一只奄奄一息的鸟
也可能禁不住泪水涔涔
因为这些人内心尚存一份悲悯
这个时代不乏志存高远者
这个时代不乏创造英雄伟业的人
我们应该向他们致敬
但我们也没有理由忘记白芳礼
这位既富有又贫穷的老人

默哀三分钟（组诗）

汶川大地震，震痛了全体中国人的心。

让我们为那些死难者鞠躬，

默哀三分钟……

那一刻，我泣不成声

收音机最先告诉我这一不幸的消息
2008年5月12日14时28分
汶川　8.0级地震
我不敢相信这个事实
但在那一刻
我还是　泣不成声

数以万计鲜艳的生命啊
顷刻埋进了废墟
天塌下来了
大地还在摇晃
谁能分担撕心裂肺的剧痛
谁能抚平黑夜深处的创伤

飞翔——纪念谭千秋老师

平凡得像一只蚂蚁
他的一生能有多少梦想
轰然坍塌的教学楼
径直砸下来的一瞬间
他将四个孩子迅速拢在一起
用自己的意志和血肉之躯
筑起一道坚固的墙

在偏远的大山里
有谁能够想到他
这一生还能飞翔
当人们从废墟中找到他
看到他张开双臂弓起脊梁
还在作飞翔状　怎么也无法
无法抑制　内心巨大的悲伤

一生也就这一次
也就这一次短暂的飞翔
他用尽了生命积攒的所有能量
孩子们重新见到了人间的亮光

他却再也动不了了
他被死神的箭射中
定格在　去天堂的路上

孩子，你在哪里

孩子　你在哪里
你回来吧　跟我回家去
我不会怪你撕烂了课本
不会怪你把白衬衫弄得满是污迹

孩子　你在哪里
你回来吧　跟我回家去
我不会强迫你做不愿意做的事情
我一定陪你玩　你最喜欢的游戏

孩子　你在哪里
你回来吧　跟我回家去
天这么黑了呀
你可知道　我一直在找你

孩子　你在哪里
你回来吧　跟我回家去
虽然我也累了　但你还是可以
躺在我的臂弯里　歇一口气

孩子　你在哪里
你回来吧　跟我回家去
房子没了　住哪里都可以
只要我们能够在一起

口吃者

词语的圣水胸腔翻涌
无法将强加在身的污秽洗荡
一颗子弹呼啸而过
不偏不倚
从背后击穿他的心脏

偷下水道井盖者

没事干
把下水道井盖拿去卖了
不比一日三餐来得简单

没办法
只好让口无遮拦的下水道
一天到晚提心吊胆

送煤夫妻

不计较青春
一夜之间衰老
他们常常一口气
把板车上的煤
垒得差不多和他们一样高
他们佝偻着背
一路燃烧
体内的水分
好像就在火上烤

二十朵花的悼词

2005年11月14日晨，
山西沁源县二中学生因学校无操场，
在公路上出操跑步，
不幸被一辆失控的大货车撞入队伍，
有20名学生被当场碾死。

这些有名有姓的卑微的花
这些难得沐浴阳光的花
这些从未奢望上帝奖赏的花
一直都在努力开放
他们怀揣天使般美丽的梦想
露珠一样纯净而善良
他们如果比钢铁更耐碾压或冲撞
一生何至如此短暂
又何至死得如此荒唐

我还是个孩子

我还是个孩子
交不起学费再次辍学我有错
扛不起犁耙无力养家我有错
受不了贫穷背井离乡我有错

我还是个孩子
蓬头垢面流浪街头我有错
不经摔打不耐饥寒我有错
吓到衣著光鲜的人我有错

我还是个孩子
我也想到公园里去划船
我也想到广场上去唱歌
我也想做爸爸妈妈的开心果

我还是个孩子
我的眼泪不会帮我得到太多
哪一天我快要离开这个世界
只求有人送一朵栀子花给我

曹大和

这是一个普通农民的姓名，他以生命为代价，

让至少1亿人知道了他的全部不幸……

2008年9月25日真的不幸
贵州仁怀农民曹大和　在回家途中
在广州至遵义的1291次列车上
列车长和乘警用6厘米宽封箱胶布
将他裹粽子一样捆绑一天一夜致命
随即猪一样卸在广西来宾车站
等着他远方的亲人前去认领

很多人很快从网上得知了这一消息
我开始还以为又有人在扰乱视听
不肯相信受虐者竟然甘愿俯首就擒
不肯相信施虐者竟然敢不把人当人
一个个目击者在网上发帖互相见证
我才不得不承认自己多么善良
我的怀疑又是多么幼稚　多么愚蠢

曹氏的狂躁症不至危及他人安全

“杀猪般的叫声”也顶多只是
时不时地惊扰了一个车厢的梦境
如果有一千条理由对他实施捆绑
仰仗四大发明和登月的智慧
应该可以找到一万个办法
让践踏人命的悲剧停止发生

那个列车长和那些乘警
早已忘记理当承担人命关天的责任
他们连那点可怜的良知都泯灭了
终至做出畜生都不如的行径
那些事后自责的目击者
本可以发出一声呵叱甚至怒吼
却个个怯懦不堪一味放纵冷漠的心

曹氏不懂强权作甚永远自大骄横
曹氏不懂卑微为何总是惨遭不幸
他不知道这个世界哪有公理可言
只希望这个世界能让他苟全性命
他或许曾经躲过一场严重的疾病
他或许刚刚躲过一场可怕的地震
却怎么也没能躲过　同类的残忍

曹大和死了　灰飞烟灭了
从此彻底摆脱了生活的困顿
他不知道也不会去管理
区区12万元人民币赔偿金
年迈的父母和未成年的一子一女
他大概也省心了　不得霸蛮去想
等待他们的会是一种怎样的命运

曹大和　一个为生计奔波的农民
死前没有谁太在意他的不幸
但他的死确实有些耸人听闻
他不该是一粒微不足道的尘埃
如果他能再死一百次或者更多
人们或许真的会记住他的姓名
至少也会　向他深深鞠上一躬

放风筝的老人

小心翼翼
拽着手中的绳
轻轻移动脚步
目光盯住天空
他害怕一不留神
那风筝会消逝得无影无踪

渔女

潜心
织一爿网

把海拖上岸
晒那些浪

遗嘱

能省则省吧
可别浪费棺材
找个人迹罕至的地方扔了
我会感激你们诚挚的爱

有人讲起我的好或坏
无需争长论短斤斤计较
人都死啦　还在乎生前
是一枝名花还是一株野草

可以为我的消逝掩口而笑
不必因我的死去失声痛哭
一辈子没做什么惊天动地的事
在这个世上我本来就可有可无

第三辑

恋歌

让我们抓紧时间相爱

旷野上到处都是奔逃的人群
风中只听见撕心裂肺的哭喊
天空不再有鸟儿飞翔
太阳和月亮一天比一天暗淡

整个世界都已坍塌　就剩我们
早先营造的茅屋完好如初是个例外
远去的人啊　快快回来
让我们抓紧时间好好相爱

天堂

即便到处可见天使们歌唱
如果没有你的加入
这样的地方
不会成为我的向往

我是上帝留下的一只黑山羊
甘愿随你四处流浪
你在哪里
哪里就是我的天堂

纯情

牡蛎用短暂的一生孕出珍珠
理当感激波澜壮阔的海
主啊　我若得到公主的纯情
同样也要感激你对我的至爱

相信天还不会马上塌下来
我的智慧不至让我轻言退败
主啊　我应该早就猜到国王
准备亮出的最后一张底牌

请用诗行死死缠住我

你若不再爱我
就请用我写给你的恋歌
死死缠住我
当我气数已尽
随便找人寻一荒地
将我掩埋　并且
不要告诉任何人
我曾经到过这个世界

神秘的星星

仅仅那神秘的一现
竟引我仰望一生
远隔千万年迢迢亿万里
我的爱啊你也注定要
做我梦中的情人
纵使哪天双目失明
我还可凝神谛听你穿越时空
永不停歇的脚步声

坚强面对生与死的别离

过完这个秋天
我的身体就要耗尽最后一丝力气
现在　一张叶子坠地的声音
对我都是致命的打击

不要拉着我的手　爱人
更不要为我哭泣
一生的情爱有时竟是纸一样薄啊
你要坚强面对　生与死的别离

站在纯白的旷野等你

啊　一望无际的棉田
啊　雪一样的白
爱人　我就站在这纯白的旷野
等待你　圣洁的到来

我相信一切都是上帝的安排
在这令人沉醉的秋天
我没能给你准备丰厚的礼物
除了这里的辽阔　除了爱

放慢前行的脚步

一场艰难的跋涉
几乎耗尽我们的一生
爱人啊　若非如此辛苦
我们的爱情哪能这样瞩目

现在　我们都是风烛残年
理当再放慢前行的脚步
来　让我们小心搀扶
走向那个永恒的归宿

爱你

我爱你柔软的腰温驯得像只猫
我爱你红酒酸甜的味道
我爱你的小提琴
我爱你瞳仁深处会唱歌的三叶草

我爱你秋天的果实
我爱你豹子一样的奔跑
我爱你一天一天的衰老
我爱你午夜嘎然而止的心跳

我是一个放浪的旅者

皇宫里应有尽有无所不有
但是美人　你可知我一生何求
我注定要做一个放浪的旅者
任你用心良苦也无法把我挽留

旷野的呼唤令我的血在燃烧
如果你能陪我天涯海角不回头
美人　我愿把生命当作一架钢琴
风里雨里梦里　纵情为你演奏

唾手可得的爱情遥不可及

美人　哪怕世上只剩下你
也不要贪恋自己的美丽
你的容颜会令你陷入孤独
你很可能脆弱得像块玻璃

美人啊　何必自己骗自己
镜中的容颜正是你的情敌
你以为唾手可得的爱情
恰似天上的星星遥不可及

两条小小的水藻

听一听啊爱人　众荷喧哗
又是一个狂热的夏
我们依然静静地呆着吧
坚定只做两条小小的水藻
一辈子也不要开花
每日相依相偎说些悄悄话
在不为人知的低处
等待幸福的极限慢慢抵达

还有机会

来时的路已被摧毁
你不可能原路返回
美人啊　千万别紧锁着眉
穿过前方戈壁你就能看见海

我们居住的这个星球
如果不是注定要遭遇灭顶之灾
美人啊　你应该还有机会
尽情表达心中的真爱

给我一双翅膀

你携一朵彤云飞过山冈
我的心也被你带向了远方
美人啊　你若听见百鸟鸣唱
便是我献给你的歌声在空中飞扬

五月的鲜花纵情开放
风儿送来阵阵清凉　美人
能否请上帝也给我一双翅膀
好让我伴你　走进那无尽的苍茫

摘片白云将我埋葬

如若不能陪你到永远
估计上帝也不会原谅
但谁又保证我小小的生命
真的那么强盛　那么辉煌

如若哪天我的心终于停止跳动
想必你也老了　无力将我埋葬
就请托风摘下一片白云吧
轻轻　轻轻盖在我的身上

坚信上帝的诺言

上帝给了我足够的时间
还给了我足够的盘缠
即使沿途都是穷山恶水
也无法动摇我对你的爱恋

当我终于满心欢喜
找到通往城堡的唯一路线
我就坚信上帝的诺言
千年万年也决不会改变

找到爱情最初的路径

大地上随处可见魔鬼当道
我们如何找到爱情最初的路径
正要准备吞下那枚绝望的苦果
命运之神及时给了我们指引

未来的日子再苦也不算苦了
何况神还会给我们更多眷顾
来吧爱人　只要我们在一起
还怕什么穷山恶水疾风劲雨

借我

借我河流缓慢的永恒
借我草地阳光的温润
借我自由自在的风啊
我要在这个季节辛勤耕耘

借我一只寂寞的酒杯
借我一块着了火的冰
借我一座无人的古堡
我要在今夜说出我的不幸

还原

冰雪封锁了所有道路
大地的心潮依旧澎湃
把我还原成一滴纯粹的水吧
我要去追赶那远方的海

太阳架起巨大的风车
没能驱散连日的阴霾
把我还原成一片洁白的云吧
我只接受天空辽阔的爱

纵使梦里亿万次遇见你

纵使梦里亿万次遇见你
那又能有　能有多少意义
无法除却永生永世的阻隔
我与你　如何能走到一起

整个世界现在都是雨季
我该怎样说出心中的孤寂
你的坟头早已长满新草
可知是我日夜对你的追忆

遥想第一百零一个春天

在漫长寒冷的冬季
每根腌菜早就长出了盐
我们用它烹饪世上最美的佳肴
感谢上苍　赐予我们一生情缘

午后的时光十分幽静
炉火映红我们一脸的慵懒
美人　我们就这样轻轻依偎着
一起遥想　第一百零一个春天

天空站不稳了

天空真的站不稳了
大地也在摇晃
枯萎的星星一颗一颗
掉在秋天浅薄的河面上
无处话沧桑　美人啊
你是否听到了命运
急速下降时巨大的喧响
你是否　一直在仰望

听琴

从小提琴里逃出来的幽灵
占据了我整个心
天空骤然刮起狂风
继而大雨倾盆　美人啊
我看见一对蝴蝶
正奋力飞越一片低矮的草丛
她们宁可死去也不愿放弃
那明知毫无结果的飞行

我是一株平平淡淡的白菜

我是一株平平淡淡的白菜
正从遥远的南方向你赶来
你可知道大雪围困的隆冬
我曾是　这座城市的最爱

这些年人们的口味变换太快
我不是没有想过可能被淘汰
坚守也该是一种品质吧　美人
我期待继续　得到你的青睐

我是一个得到过神指点的人

在一座隐秘的空中花园
我邂逅了众多的神　他们
各安其位　微笑着
接受每一个到访者的咨询
他们的热情令人振奋
他们的肺腑之言字字千金
美人　这下该相信我吧
我是一个得到神指点的人

你是石头，我是风

你是一块粗粝的石头
我是流浪的风
美人啊　纵使相处万年
我们依旧同床异梦

你习惯独守一隅
我喜欢来去无踪
美人　哪怕我们刚刚亲热
转身还是形同路人

我前行的脚步不会停顿

我是大地的子民
怀着一颗太阳一样炽热的心
小小的强壮的身体　注定要
化作一缕青烟　一粒微尘

我的一生都在流浪
我也甘愿一生清贫　美人
有你沿途摆放的食物和鲜花
我前行的脚步永远不会停顿

要我去做上帝也不会领情

如果看不到你的身影
如果听不见你的声音
即便坐在上帝身旁
我也不会安心

如果不能与你心心相印
如果不能与你同床共枕
就算要我去做上帝
我也不会领情

重温旧梦

美人啊　喝完这杯烧酒
我们就应该先去河边
找一僻静无人之处吹吹风
听听流水久违的声音
或者孩子一样仰望苍穹
一颗一颗　数星星
我们的一生所剩无几了
要留点空闲重温过去的梦

神赐了我智慧和勇气

我放牧的这些烈马
险些陷入深不可测的危机
为了帮助它们走出沼泽
我已疲惫不堪　费尽心力

我知道你现在正倚门而立
心如火焚　万分焦急
我差点也绝望了啊　美人
所幸神赐了我智慧和勇气

活出自己的精彩

不必为枯萎的爱情哭得死去活来
不要被无望之望害成不治之症
如果缺少一颗自由的灵魂
美人啊　活着永远只是一个梦

时间像流水　一去不复返啊
一滴清泪又怎能容纳它的悲哀
就算一万个上帝都死光了　美人
此生你也一定能活出自己的精彩

如水的阳光，如水的歌声

美人啊　请打开窗门
让阳光水一样流进来
洗去房间每个角落里的黑暗
你会听见鲜花朵朵　在你心中盛开

美人啊　快把窗门打开
让我的歌声水一样流进来
洗去你脸上午后的倦意
你会看见爱神　笑得像天边的云彩

与世隔绝的日子应该很美

既然已经死里逃生
爱人啊　就请一万个放心
我们索性守着这个孤岛
哪儿也不去了
除了向先人学习刀耕火种
捕鱼打猎我样样都行
与世隔绝应该很美　至少
不必为无尽的喧嚣伤神

这个世界病得不轻

爱人啊　你听深秋蝉声
比纸还薄　比冰还冷
它是在思念刚刚死去的亲人
还是哀叹自己孤苦伶仃

这个世界病得不轻
所有的灵魂好像都无处安身
身在异乡为异客啊　爱人
我们该怎样摆脱眼下的困境

现在还不晚

破解这道貌似简单的谜题
竟像登上珠穆朗玛峰一样艰难
当我们无可奈何准备放弃时
才惊奇地发现原本就没有答案

没人愿为流失的青春买单　我们
错过了太多人生至关重要的驿站
但是现在还不晚　我们仍有时间
高歌一曲　大江东去　惊涛拍岸

找到一生的福祉

音乐响起　为何你
独自一人坐在昏暗的角落里
是原本就不想进来　还是
这环境勾起了你痛苦的回忆

这个世界好像得了疟疾
但还不到无药可救的田地
美人啊　智慧如你
哪里不能找到一生的福祉

一直为你叹息

别人送你钻石
我只送你玻璃
我知道无须贵重的饰物
装点你的美丽

你现在青春无比　追捧者
多得连上帝的女儿都生妒嫉
美人啊　可知我心
为何一直为你叹息

真相

一望无际的大草原
一夜之间变成了沙漠
断了弦的马头琴
孤身坐在呜咽的风中
守着无边的寂寞
此时此刻还需说什么呢
既然你和刚退隐的星星
不肯把真相告诉我

不悔今世情缘

今夜我一定要顶着暴风雪
在神的面前许下诺言
即使此生因为爱你而穷困潦倒
美人啊　我也不悔今世情缘

请相信我的直觉　美人啊
风雪过后必然会迎来一个艳阳天
就算苍天连月阴沉一脸无奈
爱的翅膀也能助我飞向更高更远

一切都得靠自己去改变

命中注定一场风暴无法避免
一切都得靠我们自己去改变
这个世界到处布满罪恶的陷阱
我们应该庆幸没有坠入深渊

我们的智慧和体力已不抵从前
现在　还奢谈什么天随人愿
就算上帝被感动得热泪盈眶
太阳因羞愧而遮住自己的脸

我是一朵被太阳放逐的云

我是一朵被太阳放逐的云
孤独和清贫注定伴我一生
我不知道你曾经就住在这里
满园花草炫得我睁不开眼睛

我并未因此而放慢脚步
我没有接到太阳的命令
我刻意抵御那些花草冲天的笑声
却反而在它们的香气中愈陷愈沉

一束玫瑰并不增加我们的幸福

我们的生活如同流水一样平庸
一束玫瑰并不增加我们的幸福
今晚还是照例去散步吧　美人
就当我送你一份最贴心的礼物

我们始终独守一份宁静
只需一日三餐一屋闲书
我们不期望得到更为新奇的东西
能够这样走过一生应该就很满足

你又还原成了一个梦

请你原谅我　美人啊
我的记忆力已下降到了极限
我因多梦而变得白发苍苍
脑海里只剩下你桃花一样的笑脸

那个世界可能感觉过于清冷
但至少不会总是苦于喧嚣的围困
请别再为我担心了美人　只要你
当我静静躺下时不再惊扰我的梦

用我的诗行猛烈地撞击你

这个世界不知怎么啦　除了金和银
好像什么东西都飘在空中失去了重量
我只能试着用我的诗行猛烈地撞击你
看看你的心壁　能否激起一点点回响

今夜还不冷　秋虫仍在低吟浅唱
如水的月光洒下丝丝玫瑰的清香
且不要悄悄转过身去啊　我的美人
我看见一颗泪珠滑过你皎洁的脸庞

把心掏出来交给你

今夜　我要追上离弦之箭
用最短的时间来到你的面前
然后把心掏出来交给你
或煎或炸　任你所愿

如果你认为这样还不够的话
那就只有请你劝上帝宽恕我
或者索性让我负债累累
永世罚做你的一只猎犬

只把你深深刻进心里

我千里迢迢来看你
不带纸和笔　不带照相机
你的一颦一笑一言一行
我只纤毫毕现
深深刻进我这小小的心里
假如我已不在人世
葬我之地啊
能拓出你万古不蚀的印记

没人要我们相信宿命论

是因为天生愚钝
还是太漫不经心
我至今尚未学会你的语言
你也没能听懂我的口音

一路哑然
我们难道就这样同行
难道非得相信　这是
前世注定的　我们的宿命

我只要看着窗外的海棠

你别千里迢迢来叩我的门
我确实早已疲惫不堪
并且永远失去了年轻的资本
如果　如果你的美丽
有如千万根巨毒无比的钢针
直抵我心　要了我的命
我宁可只看着窗外的海棠
静静度过大限将近的余生

你还如从前一样美丽

我死后　我的美人啊
我死后就不一定再爱你
谁知道我去了那个极乐世界
你还会替我保守
我们一生相爱的秘密
并且也很难说
我的记忆力不会衰退　而你
还一如从前　那样美丽

假如三十年后相见

不管未来还有多少变故
我仍信心满怀　与你
如期在梦幻之城再次相见
当我弯腰驼背微笑着走近
美人　你能否一眼认出
六十年前的那个翩翩少年
你是否依然清晰地记得
那张稚气未脱的狡黠的脸

愧

你在晚宴上喝个烂醉　美人
今夜我可以安然入睡
为了明天能够继续赶路
我必须养精蓄锐

拂晓前就出发　顶着暴风雪
也要勇往直前　决不后退
没有叫醒你　没有向你告别
只是不想让你觉得心中有愧

青春的灰烬

有人为一只死去的鸟落泪
有人为一朵枯萎的花伤心
面对这个残缺的世界　美人
你可也曾怀了这样一份悲悯

许是前世不该作了孽吧
抑或今生就不该坠入红尘
在你那熊熊燃烧的目光里
我只看到一堆青春的灰烬

穿越时空的芳香

躺在书柜最僻静的一角
我的诗集再也不会有人欣赏
书页早已发黄　为你而作的
每一首热情的恋歌
如今欲哭无泪黯然神伤
美人　与其让它们绝望地守候
不如把它们都变成蝴蝶
去追寻你　穿越时空的芳香

第四辑

自然

颐和园石舫

龟缩在脚背深的水里
不敢做
搏击大海的梦

天塌下来
整个京城都淹了

站在壶口瀑布前

此前只见过专业人士
为它拍摄的大幅照片
从未身临其境
体验惊心动魄的震撼
今天　千里迢迢
来到晋陕两省交界处
与它面对面
我清清楚楚地看见
那从源头一路奔来的水
个个壮怀激烈
心中陡然掀起波澜
我真想呐喊
就当是我
为它写下的赞美诗篇

荷

眼前这般衰景
让人不敢想象
夏日里曾经熊熊燃烧的激情
蜂和蝶　还有浅薄的蜻蜓
许是天生命短
早已不见踪影

春天来了

春天来了
到处都是阳光的笑脸
到处都是自由的风
婆娑的树影下
一群细小的蚂蚁
像在凝神谛听
见多识广反应敏锐的草
不比鸭子迟钝
它们大多在第一时间
捕捉到了
来自大地深处的响动
那是这个世界
最温暖最真实的声音

下雪了

“下雪啦——”
窗外的叫喊声清脆而响亮
那分明是一群孩子
因惊喜而爆发的兴奋

孩子们说的完全不假
我看见好多人走到室外
那漫天飞舞的雪花
美若童话故事里的小精灵

这个冬天
整座城市反常得一如暮春
人们脸上久久不肯褪去的红晕
早就盼着降温

雪终于越下越大
让我确信眼前一切并非是梦
我要赶紧把这样一个喜讯
告知城里热躁难忍的每一个人

秋，说来就来了

无须挑战隆隆雷声
无须应对滚滚乌云
纯粹得像块玉一样
秋　说来就来了
湿地上栖息的那么多鸟
连同它们欢快而嘈杂的叫声
都渐渐飞走了
风不再狂热
太阳越来越温情
早生华发的芦苇
站在辽阔的大地上
显得异常优雅宁静

鱼的无奈

1

又黏又黑的河水
几乎让它窒息
它不知道该飞上天去
还是继续呆在水里

它的肺蜕变成了腮
它的翅蜕变成了鳍

2

自从选择做了鱼
它始终恪守本分
从不心仪天空中飞翔的鸟
也不羡慕大地上行走的人

有水的生活
它一直很开心

3

昨晚梦见上帝
上帝独自在玩一种游戏
它张大嘴巴站在上帝背后
上帝似乎没注意

它想求助上帝
却不知上帝同样无能为力

一只鸟死在人工湖边

它躺在人工湖的围栏边
已然不存一丝生的气息
我无法知道它的姓名
也无从查找它究竟来自何地

它应该死于某个夜晚
死于饥饿和严寒
近来铺天盖地的冰雪席卷全境
对它不啻是当头一击

它应该是一只孤独的普通水鸟
或许恶劣的气候令它措手不及
它决不会想到死是这么容易
更没想到它的死会让谁痛惜

人工湖上的冰层依然坚硬无比
看不到一丝生机　即使它活着
一时也无法在那里觅食或嬉戏
它注定要被这冰冷的世界遗弃

冰雪过后

一场罕见的冰雪灾害过后
我走进一座公园
眼前呈现的景象
令人心惊胆颤
就像刚刚制造了一场暴乱
先前仪态各异不甘寂寞的树
先前枝繁叶茂郁郁葱葱的树
大多没能躲过这场劫难
不是头被劈掉一边
便是粗壮的手臂被挨肩砍断
有的竟遭腰斩
昔日风采全然不见
太阳出来了
每一个创口显得格外刺眼
它们大概谁也没想到
这个看似温和平静的世界
还有如此冷酷凶残的一面

听水

随意坐下
闭上眼睛听
或如宏大叙述
或如浅唱低吟
相信没人不喜欢这
充满活力且真挚纯情的声音

整整一个下午
独自坐在水边
什么也不用做
什么也不用想
只是细细地听　静静地听
直到水以为自己不小心
说出了隐私
满脸泛起红晕
直到天渐渐合上眼
再也无视水清秀的面容
直到一身的酸痛荡然无存
一脑袋的炸药也不见了踪影

整整一个下午的水声
朴素干净　清凉透明
把我的听觉世界
带到了遥远的梦境
我无法忘掉
那水声的滋养和浸润
我相信多听几次
说不定还能治愈内心深处
那些无法言说的疑难杂症

累坏了的稻子

在南方骄阳似火的田野上
知了的叫声异常高亢
那些低头弯腰的稻子
那些倒伏在地的稻子
一声不响
它们从不认为自己
多么伟大多么高尚
也不知道自己
关乎天下粮仓
它们太累了
无暇把自己泥里水里的一生
编成一支轻快的歌
交给风去唱

婆仙岭的竹子

2008年2月23日下午4点
绵绵细雨似停未停
太阳便匆匆露出可爱的笑容
虽然还没到踏青时节
我们一行四人还是去了婆仙岭
山顶那座寺庙
早就有所耳闻

我们爬上一条逼仄的小路
由于刚刚遭受一场
五十年未遇的冰雪袭击
满山树木大都严重毁损
尤以素有刚直之名的竹子为最
我们一路走　一路唏嘘
隐约听见那些开膛破肚的竹子
还在痛苦呻吟

那些竹子聚在寺庙脚下
一直帮助山里人家维持生营

现在大片大片跪伏在地
样子比任何虔诚的信徒还虔诚
不知它们是在请求神的宽恕呢
还是在祈祷神的庇护
我等凡夫俗子一时没法辨认

水獭

它永远也不会在我的记忆中消失
虽然我连它的脸都没来得及看清
我与它不期而遇的那一刻
是在一口浅浅的山塘边
我去砍柴的一个必经之地
估计它根本就没打算看我一眼
它跑得像一道闪电

父亲告诉我它叫水獭
以前只听说过它白天极少露面
能够撞见它的人一定与它有缘
它突然出现
确实让我吓了一跳
但一个不可隐瞒的事实是
它也让我扎扎实实兴奋了好几天

时光荏苒　它在我的脑海里
一直只是一个模糊的概念
顶多是一张曝光严重不足的老照片

直到一次在“动物世界”里看到
那些油光发亮机灵可爱的家伙
我才饶有兴趣地猜想它
大概也有一张差不多的脸

野猪

它们出没在茂密的山林
甚至三五成群
一路裸奔
这是近年来
乡下的童年伙伴见到的情形
他说仅凭一杆火铳
还难以结果它们的性命

在我的印象中
父亲那一辈人对它们并不陌生
除了偶尔毁掉山里的一些庄稼
或在地上拱出深浅不一的坑
它们轻易不做伤天害理的事情
虽然号称勇猛顽强
却一般不会主动攻击人

如果不是被动物园相中
它们肯定得风餐露宿度过一生
靠一嘴的尖利与坚韧延续种群

我并不知道它们的存在
与一个村落有多大关联
只听到年岁大的村民告诉我
“山里又有野猪了！”
像是在说一个喜讯

深夜，一声尖叫从林中飞出

今夜似乎有些特别
我走在林间
如同走进一口千年深潭
月光阴冷地照着
投下一些影子
若隐若现
风　抓住难得的清闲
趴在树上酣眠
林子里的其它主人
大概早已不堪疲惫
滑倒在了梦的边缘
我突然莫名其妙地感到
内心一阵慌乱
但仍不愿相信某处
隐藏某种危险
我定了定神
用手揉了揉双眼
旋又长长地伸了伸腰
打了个呵欠

正欲转身返回
“啊——”的一声尖叫
从林中飞出
像是受了极大的惊吓
显得异常凄惨
令人毛骨悚然

李花

没想与梨花媲美
开得不动声色
也不追求雪一样的白
它深知备受赞誉的梨花
其实也挺无奈也挺累
春天还没来
就背负起一大堆词汇
在风中跋涉
深怕稍有闪失功亏一篑
它似乎见多识广
从不以为一些人
一时兴起　附庸风雅
是真的情有独钟
是真的多么热爱

栀子花

似不敌百合纯洁
也不如牡丹高贵
却还讨人欢喜
在我儿时的记忆中
家乡人不太在意
它的形态它的颜色
只知它香气扑鼻
而且　还能吃
小炒和开汤都可以
味道平淡无奇
每每青黄不接时
不动声色来到人间
看到哪家餐桌空空荡荡
偶尔也去救救急
它结的果
唤作黄栀子
家乡人用以清火解毒
比看医生便宜

油菜花

阳春三月不论阴晴
走进广阔的田野
随处可见它们
单纯明亮的笑容
关于它们
我一点都不陌生
但介绍给孩子时
只简单明了
说了三个字
孩子正在呀呀学语
暂时还看不出
有多高的语言天分
我用最标准的发音
反复说着“油——菜——花”
希望孩子能够听清
并且从此记住
这种普普通通的植物
也有名有姓

白鹭

它们终于又出现在我眼前
曾经说不尽的思念啊
即刻化作　淡淡的云烟
它们世代在这里繁衍生息
宛若一群下凡的天仙
怎不令人长生爱怜
风轻水碧的阳春三月
它们回到阔别已久的自己的家园
见到熟悉又陌生的村庄和田野
心中的喜悦自不待言
它们身材颀长　一身素服
或动或静依然风度翩翩
甚至捕食也都很绅士
总是从容淡定　悠然意远
我没有理由不感谢它们
它们给这个春天带来了吉祥
它们让整个村庄和田野
变得更加生动而明亮

这些黑鸟

五十年一遇的冰雪覆盖全境
高速公路上　汽车
排成一条巨龙　寸步难行
前往援助的人们
送去水和食物及御寒用品
以解一时之困
这些平日不在路边露脸的黑鸟
这些应该有名有姓的黑鸟
这些毫无疑问饥饿难耐的黑鸟
这些已经陷入绝望的黑鸟
目睹了这一事件的全过程
它们毅然抛却往日的偏见
放下往日的胆怯
纷纷从附近的山上飞到路边
捡食地上的食物碎屑
这些从人类嘴边逃逸的家伙
让它们小小的翅膀渐渐回暖
小小的心也似乎找到了
战胜饥寒战胜天灾的顽强信念

它们开始根本没有想到
如何能捱过这个冬天
现在　终于露出了一丝笑颜

一个被废弃的村子

所有的房子一夜之间被拆除
只有一些断砖残瓦木然躺在地上
它们不知道远处的机器轰鸣声
到底还要折腾多长时间
才会痛痛快快将它们彻底埋葬

周围一切还遭遇了一场火的洗劫
那些未经改良的橘树李树桃树
被无情的烈焰烧烤得面目全非
却怎么也不肯说出内心的创伤
它们都在等那份可观的青苗补偿

山塘原本清澈的水变得腐臭不堪
青蛙们却热情不减　春天来了
它们个个鼓起大肚子放声歌唱
像是在赞美一个被废弃的村子
依然魅力无比　不同凡响

橘

当它被发现时
身上长满绿色的暗疮
虽说还算浑圆饱满
却已全然不见　金秋时节
满脸幸福的红光

它曾吮吸足够的露水
也曾昂首挺胸
面对面与风霜较量
现在它不敢想象　孤独的余生
会是怎样一种境况

寒流迅速南下
它再也无法承受
哪怕一次轻微的碰撞
除非神助　它肯定还得遭遇
更为严重的内伤

这些嫩绿

这些嫩绿　如果我没猜错
一定是刚从童话故事里
跑出来的一群小精灵
它们站在枝头眺望
个个怀揣晶亮的秘密

这些嫩绿　如果我没猜错
一定是上帝的使者
它们迎着晨风反复吟唱
试图唤醒天空
一段沉睡已久的记忆

这些嫩绿　如果我没猜错
一定是昨夜梦中见过的幻影
它们之所以再次呈现
只是为了让我签收
一份迟到的欣喜

在一个被征收的山村遇上一群鸡

在一个被征收的山村
遇上一群鸡
乃是最后一个未搬迁的住户
不经意给我留下的
对这个山村最美好的记忆

这个山村位于城市边缘
越来越显得孤立
不消三个月
就要被趾高气扬的推土机
夷为平地
再也不见踪迹
这些鸡可能尚未获悉
也可能懒得去理
它们一如从前
沐浴着冬天的阳光
或到山边田边觅食
或在土堆里打滚
在草丛中嬉戏

它们没有费尽心机
去想今后的事情
比如当灯光代替了阳光
科学配比的供给
代替了自食其力
它们的子孙后代
是否还记得先辈们的住地
是否还能准确无误
在档案表上
填写自己的祖籍

正午

1

成片成片稚嫩的油菜
碧绿地望着天空

山巅几朵白云
悠闲地放牧风

2

老樟树精神爽朗
笑得整个院子充满了阳光

假寐的黑狗突然起身走向柴门
细细盘问老少两个陌生人

西藏行吟

1

峡谷飘出黄铜的脆响
远处走来一队马帮
云深处的石头开花了
传说在绝壁上闪光

2

牦牛低着头吃草
偶尔也抬头远望
那终年积雪的山上坐着神
全身披着圣洁的光

3

牧羊人骑在马背上
夕阳将他塑成一尊金像
羊群秩序井然走进羊圈
各自怀着各自的梦想

4

被雪水浸润过的地方
所有的心灵都很善良
用雪水沐浴过的人们
一生一世都不会迷惘

茂陵即景

一蓬枯草
低头弯腰
等候

风无聊
四处走走

晨（外一首）

太阳用嘴
吹出一幅画

风拿在手上
不好往哪挂

夜

1
灯灭了
天地合抱

2
蟋蟀睡得很香

梦里听见
星星大合唱

活火山（外二首）

渲泄过后
归于沉寂

一块巨大的伤疤
在太阳下哭泣

古河道

无数裸体的石头
依稀漂浮着远古年代的雨
任一轮山月
悄悄在那里啃

萤火虫

独爱旷野清风
放牧露珠晶莹的梦

用黑暗
照亮一生

秋叶（外一首）

不理会风
轻薄的热情

站在枝头
眺望冰雪的脚步声

黄昏

燃烧的海里
有蝶泳

归去小径上
醉汉扶着风

四季印象

春

优雅的拳头
击退冰雪
最后一次反攻

天地间响起
雷鸣般的掌声

夏

太阳热力无边
万物睁不开眼
月亮的喉咙里
冒出滚滚浓烟

辽阔的大地上
干旱仍在蔓延

秋

亦喜
亦忧

往深处
走

冬

太阳探出头
想说什么

风多心了
拉上帷幕

斧

雪白的刃口
让本来战战兢兢的树木
吓出一身冷

坠落的鸟鸣
拼命抓着把柄

山（外二首）

坐下来
等一个消息

海在不远处
风的脚步声里

河

拼命往前赶

还是忍不住回头
望了望山

雷

只管喝彩

相信雨
迟早会来

一头牛伫立在广场上

一头牛
伫立在喧闹的广场
一会儿低头作沉思状
一会儿抬头四处张望

有几张几何图案映入眼帘
绿得近乎某种幻像
巨大的胃一阵痉挛
似是闻到了风的清香

坚硬干燥的路面既宽且长
远离泥水的四蹄怎么也不明白
诺大个地方空空荡荡
何以居然寸草不长

一头牛
突然光临广场
如同一根钢针
刺痛这座城市

本来就很衰弱的心脏
也吸引了众人
好奇而又充满疑虑的目光
不过谁也不想知道这头牛
家住何方
谁也没问牛
意欲何往

游衡山

鸟在快活

不在乎
有无香火

与一棵枯树不期而遇

走在装饰一新的大街上
与一棵枯树不期而遇
从那高大挺拔的丰姿
一眼就能看出它
曾经隐身于林时
何等非凡的气度

也许半年前它还在某座山里
守着一份幽思　听风观雨
或者　与众兄弟姐妹一起
披戴阳光金色的花环
为一直平凡而安逸的生活
载歌载舞

站在熙熙攘攘的大街上
再也听不到鸟儿的鸣唱
再也听不到山林张开臂膀
自由纵情的欢呼
它肯定好想倾诉自己

水土不服带来的痛苦

走在大街上
与一棵枯树不期而遇
我知道无人在乎它
生前的愿望
我不知道是谁断送了它
一生的幸福

大山深处

大山深处真美
每一棵树都有自己的站位
长得慢就只管慢
不担心谁责备
长得快就径直快
无需听谁恭维
因病因老死了　轰然倒下
天不会垮塌
整座林子不会因此失去风采

大山深处真美
大树小树都有自己的站位
它们似乎并不知道自己美
更不借风那只多情的手
为自己梳妆打扮
那些一心向上攀附的藤
可能成为它们的杀手
它们却不诋毁　它们甚至
都没注意到　那些藤的存在

黄昏：鸟

池塘边的柳树上
歇满了鸟
它们停止了一天漫长的飞翔
却丝毫不见急着归巢的模样

它们肯定把黄昏看成了
一天之中最难得的美妙时光
此时此刻
它们才能聚在一起
谈天说地
拉拉家常

也许明早会有一场风暴
也许今晚
就因一场噩梦而变得格外漫长
它们懒得去理会这些
只要现在这一刻
清风朗朗

桃花

走进一个偏僻幽静的山寨
我一眼就看见了
独自站在草垛边
随风摇曳的它
我的目光与它相遇的一刹那
只见它湿润而绯红的脸上
层层叠叠
堆满惊讶
这让我一时不知所措
站在原地张着嘴巴
那些比春天更美丽的辞藻
一齐涌向喉头
却又突然停下

胡杨

三千年
只当一瞬

站着
让风晕

不想成为沙漠
永远祭拜的神

风

心比天高
却被云绊倒

快要跌到地面了
一棵小草
张开双臂去抱

分明看见

一只蜜蜂和一只青蝇
同时接受了
一朵白菊的邀请
它们像一对要好的朋友
面对面蜷腿而坐
全然不似平日
嗡嗡嗡嚷个不停
这使得偌大一座公园
呈现出一种少有的宁静
也使人忍不住猜测
是秋阳的甜蜜和温馨
让它们醉了
还是碍于
花儿的一番盛情

众多矫健的翅膀停止了飞翔

是谁　是谁制造了这起悲剧
金秋洞庭湖上的湿地　一片汪洋
发达的现代通讯无法提前告知
来自远方的鸟群猝不及防

久久盘旋在空中
怎样排遣内心的恐惧与荒凉
千里奋飞继续南进的热望
统统化作一场恶梦　一场空想

大量的鸟不幸死于饥饿的折磨
大量的鸟还将面对严寒的重创
有识之士那点微薄的爱心
未能帮助他们　变得更加坚强

凄厉的叫声在空中低徊
挥之不去　也无法遗忘
洞庭湖成了一只巨大的泪眼　不忍
看见众多矫健的翅膀　停止飞翔

洞庭

1

浩荡了多少岁月啊
震撼了多少心弦
眼前的她
似乎愁容满面
是今夜的风太冷　还是
巨大的伤痛长久积压在心间

2

那些在梦里
依然向她倾诉爱恋的贤达
应该醉过她的秋波
应该亲过她的笑靥
那些赞美她的
钻石一样千古不朽的诗篇
也应该还在她
渐行渐远的记忆深处
灵光一样闪现

3

请上天再借我三百年
不　再借我一千年一万年
我愿用血和泪
与她缔结万世情缘
纵使有一天她真的先我而去
海角天涯也寻不见

君山行（组诗）

飞来钟

突然刮起
一阵风

绷紧神经
听洞庭涛声

柳毅井

心似一团
熄灭的火

从不问
洞庭风波

过往人声鼎沸
偶尔也生出点寂寞

洞庭王

只为担心镇不住
装成恶煞凶神

洞庭湖上
撞见水怪的事
依旧令人头疼

二妃墓

守陵的竹
泪哭干了

风
还在呜咽

君山茶

春雷阵阵
洞庭沸了
沏一壶香茗

下凡的仙女
醉倒在君山怀里
一夜未醒

酒香亭

还说没看见
明明坐着一仙人

空气中酒香很沉
醉了多情客
醉了满山风

第五辑

时空

口味

在僻静的村寨
这些桃树很随意
零零星星散落在
房前屋后或者路边
它们可不在乎
吸引谁的眼球
或一定要与谁
缔结一生情缘
并非心存偏见
我就喜欢这些
未经品种改良的桃树
一如山野的风
清新　自然
它们结的果
别看迟熟　个小
不一口咬下去还不知
那味道丝丝都是我
记忆中的童年

老鼠的请求

我恳求主宰万物的神
下达一道命令
鹰　那经常出现在云端
搏击长空的鹰
鸟瞰大地的鹰
孤独而又傲慢的鹰
回到地面
如果　如果它不能
像狮子一样在大地上飞奔
那就把它关起来
或者干脆
干脆拔光它所有的羽翎
也好永远断了它
今生今世的飞翔梦

我还要请求主宰万物的神
下达一道命令
狮子　那经常隐蔽于丛林
嗓门粗大的狮子

尾巴细长的狮子
头顶兽王桂冠的狮子
飞到空中
如果　如果它不能
像鹰一样借助空气飞行
那就狠狠鞭笞它
或者索性
索性一枪结果了它的性命
从此彻底关闭它
振聋发聩的吼声

一头牛冲进市区

1

牛年夏日一个平凡的早晨
一头牛绕过易家院子的围墙
直接冲向易伟红　致使
易伟红腹部刺穿被送往医院
可能是意犹未尽　这头牛旋又
到附近一所学校抵伤几个学生
方才转身上了南环线
它回头望了望高家坳和龙泉村
那一带不可逆转成了一个恶梦
喧闹的水泥丛林让他感到胸闷
有人见它正朝芦淞路一路狂奔

2

车水马龙的芦淞路
顿时叫声大作
像是炸开了锅
在睡眼惺忪的警车赶到之前
整个现场因为横冲直撞的牛

早已陷入一片混乱
“好比一辆坦克”
“它肯定发了疯”
目击者你一言我一语
饶有兴致地描述
各自看到的情形

3

大概是一路狂奔太累了
牛在一家大型超市门口停下
臀部紧贴着玻璃墙
两眼漠然地望着远处
无论人们怎么呵叱
无论警察如何威逼利诱
这头牛就是无动于衷
好像它今天什么都不干了
故意要拉开一副架式
与警察和围观的人群
斗智斗勇

4

终于抵挡不住
十二颗子弹的入侵

这头牛在沸腾的欢呼声中
犹如一堵巨大的墙
轰然坍塌
结束了自己卑贱的一生
它无处可逃
或许根本就没想过要逃
它应该早就预料到了
钢筋水泥丛林里所有的路
都是通向死亡的陷阱

5

人群渐渐散去
这一地段一下子又恢复了
往日的太平
阳光照在过往行人的脸上
好像什么都不曾发生
不在现场的人们
只有翘首以盼
日报和晚报
在第二天头版头条
大篇幅报导
这一不胫而走的新闻

在冬天，遥望春暖花开的时节

真的到了春暖花开的时节
没有人会羡慕
刚从梦中醒来的小小的蝴蝶
阳光那么明媚　天那么蓝
清脆的鸟鸣令人心旌摇动
只需一个简单的告别
我们便可以展开双翅
带着轻盈和煦的风
自由自在　周游世界

真是到了春暖花开的时节
冰雪应该早已走远
大地上不再一片萧瑟
一声祝福　一份祈愿
就能让万里愁肠解开千千结
山绿了　河水唱着欢快的歌
就算没有取一个好听的名字
也决不至于影响谁
向它们投去深情的一瞥

在冬天　一个诗人

遥望春暖花开的时节

他想到喂马或劈柴

想到粮食和蔬菜

想到天下更多捕捉幸福的人

也许花光了一生心血

我也经常想到这些

但我还是要对他表示敬意

还是要对他说上一声谢谢

感谢命运之神

谁不渴望自己
一生幸福安定
谁不渴望天下
永久富足太平
可世界到了今天
还是令人匪夷所思
还是令人心绪难宁

一些人在战争中炸成了齑粉
一些人又在矿难中毙命
一些人刚刚死于贫困的折磨
一些人又猝死在庸医手中
一些人被飞来横祸撞得血肉模糊
一些人又被大火化作一缕烟尘
一些人没能躲过地震那场恶梦
一些人又被洪水淹没不见了踪影

我写下这些句子
没有半点矫情

想想那些还在黑暗深渊
苦苦挣扎的人
想想那些死于非命的人
我们丰衣足食健康地活着
谁敢说不该好好感谢命运之神

朱亭

当我驱车到达这座千年古镇
拥挤得有些脏乱的水泥街道
街道两旁大多破旧的新式民居
一下子就阴冷了我
一路上颇为阳光的心情

曾是学子云集的“一苇亭”
早已化为缈然的烟尘
前些年听说尚存的一段麻石路
也只无可奈何留下
踉踉跄跄渐行渐远的一个背影

我没去看跟风赶潮的执政者
为搞旅游而新建的那座“朱亭”
我怕看了以后忍俊不禁
我怕看了以后越发感到罪孽深重
愧对那位名叫朱熹的老先生

去教堂

这些年　追捧上帝者多了
不单上了年纪的人
就是二十出头的人里边
也有不少特别虔诚
别看这些家伙平日
摆弄得什么都不太信
其实心里很明白
这个世界上
上帝真是一个难得的好人

我曾偶然一脚踏进教堂门
教堂比我想象的庄严肃穆
只是里面太阴森
我不知道那天上帝来没来
只见一排排座位上都是人
他们微微低着头
像是在祈祷又像在聆听
也有随意交谈的
声音比教堂外的阳光还轻

假如城市不生长诗歌

假如城市不生长诗歌
穿城而去的河就不会那么快乐
空气当然不会停止流动
两岸的土地也不会因此干涸

假如城市不生长诗歌
四季开放的鲜花就不会那么执着
蜜蜂和蝴蝶当然不会神经过敏
忙碌的人们也不会因此放弃生活

假如城市不生长诗歌
时光飞逝就不会那么让人惊愕
月亮当然不会逃离既定的轨道
浩瀚的星空也不会因此感到寂寞

假如城市不生长诗歌
柳丝和春雨就不会缠缠绵绵
爱上想像中某位陌生的过客
鸟儿当然也不会在林中

声情并茂　相互唱和

假如城市不生长诗歌
晶莹的雪花就不会像现在这样
翩翩起舞　怡然自得
结冰的路面当然也不会温馨提示
路面结冰　请谨慎通过

村里人越来越少了

村里人越来越少了
去年又有两个老人走了
走的时候很冷清
连送葬的人都要从外面请
表兄说这还不算忧心
最难过当属每年清明
应该上山扫墓的人
不知哪去了
从上午到下午　整整一天
听不到几处
噼哩叭啦的鞭炮声

孩子式的游戏

毋烦去问上帝
上帝早已失忆
如果非要知道去天堂的路
也不必这么性急

有无天堂
其实谁的心里都没底
还是宁可信其有好了
就当在玩一种孩子式的游戏

狗·远处的战争

坐在我身边的爱犬
还是像受了巨大的惊吓
头使劲往我怀里拱
身体抖个不停　它不知道
那闪电一样的火光
那此起彼伏的枪炮声
只是另一个国度的事情
隔山隔海　千里万里
根本危及不到它的性命
那个头缠白纱布的男孩在哭
一个身体瘦弱的男人抱着他
一脸茫然站在冒烟的废墟上
那样可怜　那样无助
显然也完全轮不到它痛心
也许是刚断奶　胆子太小
更不善于掩饰自己的感情
它始终无法让自己变得镇定
我想帮帮它
不时轻轻摸摸它的头和背

但它还是浑身发抖欲罢不能
我推测它一定是无法忘却
电视里那些场景　一定以为
那远处的战争离它很近很近

我和狼

雪地里
那些狼突然停止了嗥叫
我猜它们
一定潜伏在某处窃笑

灯一直亮着
我不想关闭
在这间孤独的小木屋里
它是我战胜恐惧的唯一武器

突如其来的冰冻雨雪天气
令人猝不及防
只要能挨到天明
我会原谅那些狼

天亮了

黑色的帷幕徐徐拉开
沐着尚还微弱的晨光
林中的鸟儿急不可耐
它们用清脆或浑厚的叫声
互相转告
新的一天已经到来
渐渐地
远山呈现出清晰的轮廓
无需漫长的等待
太阳会欢乐开怀　为大地
倾洒一份宽广无私的爱
万物又将看到自己的身影
各式各样的花
也能找回各自喜欢的色彩

一棵百年大树被放倒

1

在我的记忆中　唯有
那棵高大挺拔枝繁叶茂的枫树
堪称村里的一处风景
然而很不幸
它最终没能逃脱
刀斧相加的命运

2

那是一个烈日炎炎的夏日
它被一群蓄谋已久的人放倒
继而被更多的人肢解
仿佛一夜之间蒸发了
没有留下一枝一叶
没有留下一点碎屑

3

我那时还只是个孩子
但现在想起来

像是刚刚发生的事情
我敢说那棵枫树倒下时
发出的轰隆声
千里之外的人听了
心　也会为之一紧

4

那棵枫树至少超过百岁高龄
在它消失三十多年后
我依然没有弄清那些人
当时要放倒它的真实原因
直到现在
见过那场面的一些老人
还常常一边摇头
一边啧啧有声
“好可惜的一棵树啊
他们怎么就不怕得罪神灵”

无名烈士墓前

这些在战争中死去的人
这些共用一个名字的人
一定噙着泪水
在黑暗中苦苦地等
他们的亲人
千里迢迢来寻找他们
早已遗失了的身份

三十八头猪死在路上

该死的大卡车太疯狂
竟然在高架桥上玩起侧空翻
可怜三十八头体格健壮的猪
未经更长时间的痛苦煎熬
便死在了南下广东的高速公路上

这些猪都是头一次离别故乡
眼里可能还残留离别时的泪光
在大卡车黑暗中突然冲出护栏
跌进山谷的那一刻
压根没想到会死得如此匆忙

当太阳第一时间赶到现场
这些猪的身体早已冰凉
高速公路依然河水一样流淌
没有半点心思去哀痛
三十八头猪惨不忍睹的模样

我对你的爱

我对你的爱更甚于音乐
孩子　如果你不愿意
我不会勉强你去摆弄哪门乐器
纵使　纵使你的演奏
能让上帝的女儿变得更加美丽

我对你的爱更甚于语言和文字
孩子　如果你实在无法
无法把百合花一样温馨的情愫
准确流畅地表达出来
也丝毫不减你在我心中的风采

我对你的爱更甚于对你的期望
孩子　如果你甚至不如
不如一只小小的蚂蚁
我也会把我的爱织成一顶皇冠
永生永世　戴在你头上

为何

如果脚下是坚实的大地
为何我们的脚步
总是战战兢兢

如果一切轻如鸿毛
为何我们背上的负荷
却越来越沉

如果生命真有轮回
为何我们从不想想来世
而只惦记今生

如果诸神都无法拯救孱弱的生灵
为何我们还要顶礼膜拜
供奉十二分虔诚

鱼说

早年和我一起生长的
绝大多数已经成了盘中餐
作为极少极少的幸运儿
我游进了更大的一条河里
侥幸躲过刀和火的劫难
会不会被一场突如其来的飓风
抛上岸　或者
遭遇一场亘古未见的干旱
现在还不能确定
这种臆想　只是无稽之谈

塔

用历次战争
制造的骷髅
砌一座塔
总是高高在上的神
必定会在
惊讶过后
立即趴下

西湖龙井

为了不负杭州之行
特意带回两盒西湖龙井
并把它们放进酒柜
享受茅台一样尊贵的名份

大约过了一年光景
这才突然想起它们
打开精致高贵的包装
一股霉味直冲鼻孔
刚刚燃起的一份热情
骤然坠入冰窟窿

对于一个少有喝茶的人
不知道只有酒越存越醇
面对此情此景　我必须
向它们表示深深的自责
尽管我并非真的有意
冷落　或是糟蹋它们

一只废弃的轮胎

亡命狂奔　心惊胆战
感谢上帝终于彻底停下来了
这才突然发现天
如此辽阔如此高远
阳光不像原来那样刺眼
曾经敌对的风
轻柔得好似一条薄薄的绢
甚至猛地从路边窜出的狗
也换了一张脸
变得温和谦逊　不再讨厌

剑（组诗）

古剑

无论它们存留于世
还是消失在未知的某个地方
都不会影响我
对它们的无限怀念与景仰

它们曾经舍生忘死
奋力斩杀魑魅魍魉
它们曾经长驱直入
不远万里辟土开疆

它们始终坚守沉默
从不言说心灵的创伤
它们一往无前的执着
任何力量也无法阻挡

冷兵器时代早已荒凉
它们不可能重返战场

它们根本无法预知千百年后
是否还有人对它们心驰神往

宝剑

威震四方

有人愿出万金
拉它加入菜刀帮

断臂 · 剑

断臂在空中一声惨叫
重重摔下

剑
随之飞出百米之外

它们再也无法相互倚重
只能徒然躺在地上
仰天长叹

那人 · 那剑

高举一把剑
疾风般冲进人群
但见空中
寒光凛凛

他的周围
掀起一阵骚动
旋即
死一样寂静
“多亏一剑在手啊！”
他庆幸

小站

南来北往的列车
在强劲的动力催促下
跑得像箭一样
几乎淹灭了
它的智慧　它的想象
一朝被时代抛弃
它无法阻止内心的潮水
激烈振荡

伫立在漫长的铁路线上
它的耳畔　日日夜夜
始终不绝的是
轰隆轰隆的喧响
整个世界都在提速
无需呼啸而过的一丝同情
它只求给予
一点点原谅

布达拉宫

微闭着眼
太阳下静坐

听云说
听海说

看母亲洗衣服

一大堆五颜六色的衣服
挤在一只老旧的木盆里
显得无比高兴无比亲密
彼此闻到了熟悉的气息

反复搓揉　一遍一遍漂洗
小小的院子挂满了万国旗
母亲反手轻轻地捶了捶背
脸上掠过一丝淡淡的笑意

一头青丝也被彻底洗白了
那只木盆成了她一生的回忆
五颜六色的衣服早已各奔东西
母亲再也很难把它们拢到一起

窑洞

到延安　一定要去看看窑洞
那低矮阴暗的一孔一孔窑洞
曾经住满一群来自五湖四海
靠小米加步枪夺取天下的奇人

到延安　一定要去看看窑洞
那群身经百战住在窑洞里的奇人
有着比钢铁坚强百倍的意志
有着盘古开天地的智慧和雄心

到延安　一定要去看看窑洞
虽然那群人早已去了远方
但你依然可以真切地看到他们
当年力拔山兮气盖世的神韵

到延安　一定要去看看窑洞
在枣园　在杨家岭
面对每一孔低矮阴暗的窑洞
天外来客说不定也会肃然起敬

屋顶上的羊

早餐露
午餐风
晚餐一小块
千年古寺
薄薄的钟声

任月亮圆圆圆
由潮水涨涨涨
无需想象某位哲人
俯拾落叶
作晦涩的考量

站在深秋高高的屋顶上
一只羊
凌空欲飞
舒展四肢的空旷
狐疑的眼睛
谁能解读
仰头听天的绝唱

西安

一别整整二十年
大雁塔小雁塔古城墙
秦始皇陵半坡遗址和华山
友谊西路127号那座校园
至今都还让我留恋
这些年很少得闲
很少花心思去怀念从前
更别说寄情山水名胜之间
现在条件有所改观
可以悠哉游哉四处转转
西安就作为第一站
我可不想留下遗憾
像小时候要好的某个伙伴
因为多年不联系不碰面
让感情在不知不觉中
从心底出发　渐渐走远
终至连一点影子也看不见

雪

那时的冬天都会下一两场雪
雪地里　孩子们
穿着一层并不厚重的棉
堆雪人　打雪仗　滑雪车
有时还吃上几口　或者
抓一把搓搓手擦擦脸
大人们似乎都知道
雪是孩子们心中的天使
尽管一味放纵
从不责怪他们贪玩
偶尔遇上哪一年
雪来得晚了些
孩子们急呀盼呀
小小年纪便开始练习
如何用心去体会
什么叫望眼欲穿
终于等到雪
在某一天的某个时分露面
或是一觉醒来猛然看到雪

孩子们绝对不会掩饰
用大喊大叫表达自己的喜悦
连平素最严肃的大人
也不能不受感染
可惜现在地球变暖
四时的秩序已被打乱
对冬天见不到雪早已漠然
不过　若给孩子们提起童年
我还是会首先想到雪
想到那个银装素裹的世界
那是至今仍刻在我脑海中的
最温馨　最壮丽的画卷

白蝴蝶

它的心情像四月的阳光
明媚而温暖
它飞得不紧不慢
表明今天　的确很清闲
马路对面的菜地里
兄弟姐妹们总是忙个没完
它要去看看　或许可以
让它们暂时放下手头的事情
一起拉拉家常　或四处转转
它的想法很简单
就是如何跟众兄弟姐妹
共同度过　美好的一天
它刚刚飞过路的中线
用不了几分钟可抵达目的地
那里没有危险
但一切为时已晚
一辆小汽车急驰而过
它　来不及躲闪
“砰”的一声闷响

像一小团泥浆
重重摔在明亮的挡风玻璃上
一个鲜活的生命
顿时坠入黑暗的深渊

汴京（开封）

极尽奢华的巍峨的宫殿
早已化作一缕淡淡的云烟
坚固的城墙没能保住自身安全

遥远的记忆结满蛛网
除了一张“清明上河图”
梦里只剩下若干影青瓷碎片

果真没有什么成为永远
即使皇帝和他最宠爱的名妓
即使不可一世的高高的万岁山

一块太湖石回不去了
站在公园最显眼处　权当
再现历史的某个场景　某个片断

山道弯弯

春节期间我和润福相约
去年少时砍柴种地的山上转转
来到山边才晓得
原先熟悉的弯弯山道早已走远
我们没有因此作罢
凭着记忆在草丛和树林里钻
山上还有积雪
脚下的路似乎越走越深险
我们依然无所顾及　摸索向前
起码也有二十多年了吧
这里的树这里的天隐约记得
我俩那张黝黑而又狡黠的脸
时不时给我们一些指点
终于到达山顶　我们看见
山下错落的房屋和稀少的行人
看见曾经书声朗朗的七甲学堂
看见曾经香气弥漫的碾房榨房
都矮成了一片长满枯草的稻田
险些把我俩淹死的那座小水库

也明显不如先前那么深和宽
我们坐下　尽说些过去的事
记忆中的情景就像放露天电影
又一一浮现在眼前
我们只顾说着　说着
及至天色将暮才匆匆下山

清明回乡（组诗）

与一头黄牛对视

我看着它的时候
它也正一脸疑惑地看着我
好像我只是一个
从未谋面的陌生人
时值春耕　田野上
和风习习　机器轰鸣
它看上去有点不开心
这种闲得骨头都要散架的日子
许是一下子还不能适应
此刻　它站在那里
孤独　却也温存
我慢慢靠近它
它没什么特别反应
我轻轻摸着它的背　想问它
现在它的背还疼不疼
我猜它早就忘了
我留在它背上的梦有多沉

我猜它肯定不记得
眼前这位白面书生
曾经做过它的守护神

寂寞的坟茔

穿过丛林
赫然在目一片坟茔
那里面躺着好多我熟悉的人
有的年老　有的相当年轻
我的爷爷奶奶就在其中
又是一年清明
没有下雨　天却特别冷
我坐在丛林里约摸个把时辰
只听见淅淅沥沥的风声
没见着一个人影
正欲起身下山
迎面上来一个驼背老人
他好像吃了一惊
脸上露出疑惑的神情
我赶紧报了姓名

他半晌才记起我
是桂姑家的长孙
他要我稍微等一等
过了大概十分钟　丛林那边
响起霹哩叭啦的鞭炮声
我突然想到该谢谢他　是他
让这寂寞的山野里那片坟茔
在同一天再次闻到
盛大的节日气氛

山边菜地

就像放电影
我至今还清晰地记得
三十多年前的情景
父母经常带我来此
拔草除虫搭瓜棚　或者
翻地栽秧　浇水浇粪
总有事情让人忙个不停
相邻几户人家的菜地
谁都不会空着

否则就会有辱家门
一年四季　春夏秋冬
山边上总能见到劳作的身影
有时还能听到
悠扬的歌声和爽朗的笑声
哪像今天　只我一人
呆立于一片杂草丛中
提着两只空手不知所从
哦　这些菜地
好久好久不为人所亲
好久好久都不曾回味
世代传承的先祖的遗训
我哪有理由埋怨它们
荒了就荒了吧　反正
既不在乎谁耻笑
也没有谁会心疼

第六辑

散板

守望

天空抹一层均匀而精细的蓝。

一朵灿白的云儿凝在那里，冲着我微微地笑，似乎又在缓缓游动，渐渐的要远我而去。它是在为自己或者鸟儿寻找新的处所呢，还是仅仅随意在蔚蓝的天庭作闲适的散步？

太阳的锋芒灼痛了我热望的双眸，使我无法追逐云儿的行踪。但我猜想，云儿既然没有家，它所以每天不知疲倦的踱来踱去——在天庭，定是为着守望眼前这葱茏蓬勃的夏了。

但是孩子们常跑到大草坪的荫翳下面去干什么呢？他们是要守望夜晚那满天神秘的星子吧？一直等到淘气的星子都熟透了，一颗一颗地坠入他们充满期待的小手中……

淡泊的散步

风儿轻轻，轻得听见时间永不停息的脚步声。

心，比往日宁静许多。低头在深秋的长廊里默默地、轻松地、坦然地走着，没有强烈的情绪，不再攀摘热闹的故事，也无须躲进汗流浃背的冥想中，欣赏宋时的哀婉小令……只因那月儿，那端庄、和谐、安谧的夜。

走着，走着，且紧且慢，完全兴之所致，心之所欲。默默地，轻松地，坦然地，于淡泊中品味月色盈盈，品味风物袅袅，品味深秋夜的幽远与宁静。

走着，忘掉生命中无数次的邀约，忘掉阳光的喧哗，忘掉暴雨的侵袭，忘掉狂风过后的一片狼籍，忘掉阴霾的日子里，沉重的呼吸，忘掉……只是默默地，轻松地，坦然地走。

忍冬花

我不知道你会爆一丛火热的激情，而且是在这冰雪覆盖的空旷寂静的山野。

我不知道你的奇异的芳香频频袭击，在我淡泊的鼻翼，而且距离这么近、这么近。

我以为严寒的利爪掐断了所有的通道，禁闭了所有的心灵。

我以为，是的，我以为……但为了你的开放，天空已是这般高远、明净，我的心，也是这般开朗、奔放……

林中

一棵大树，重重地倒下。树上的鸟儿，受了惊吓，飞到不远处另一棵树上去了。

整个林子，轻微地颤抖一下，旋即恢复了平常状态。

蝉

除了绝叫，除了怒吼，还有什么方式，能为自己找到一次生存的借口？

燥热，沉闷。口烤干了，即使藏在哪个阴暗角落，一样备受煎熬。

秋风听着听着，心似乎猛地一抖。凄厉的声音使它禁不住，满脸泪流。

清凉。清凉。清凉。身心为之一爽。薄而透明的两翼，渐渐有了些张扬。

未曾料到，越来越深刻的清凉，正在制造一个巨大的坟场，那可是一生一世温柔的梦乡？

无题

狂风呼啸着，挥舞手中的长鞭；
熊熊烈火趁势蔓延；
滔天巨浪扑向房屋和田野；
阳光被迫隐退，黑夜亮出锐利的爪尖……

杜甫草堂

黄昏挟持着夜，一步一步逼近。

喧闹的人群，早已无影无踪。

天府之国富庶、辽阔的平原上，秋，不厌其烦，模拟一千多年前的一次场景……

草堂苦闷。它忧虑的，不是风。

蹲在地上观察一只蚂蚁

秋高气爽。一只蚂蚁正忙着去某个地方，找它的同伴，或者一家老小一天的口粮。我把食指拦在它必经的路上。

面对巍峨挺拔的一座大山，它并不显得惊慌，稍事迟疑，便即刻调整了前进的方向。

如此反复数次，它没有恼羞成怒，对着我的手指剑拔弩张，反而让我心里腾起一股莫名的迷惘。

多么可爱的小生灵，多么可怜的小生灵啊，我知道，我今天带给它的，远不止是一点点忧伤，一点点失望……

一夜新娘

收割后的原野上一片空茫。由于受了阳光的爱抚，青草激情飞扬，禁不住放声歌唱——

天气变凉，昼短夜长，露珠是我热爱的新娘。新娘，新娘，纯贞的新娘，送你一夜幸福的月光；新娘，新娘，可爱的新娘，莫要说出自己的忧伤……

歌声传到很远很远的地方，青草还在不停地歌唱。它不知道微闭着眼的满天星子根本没睡，一直都在想着，给苦命的露珠表妹制作嫁妆。

水库

现在是深秋。大多数水都已远走他乡，在某座城市的大街上流浪，或者在某个山巅宽敞明亮的地方，自由自在地练习飞翔。

清心寡欲，不事张扬，它度过了一年中最美好的时光，终于能够像一棵无需任何装饰的榆树，有机会向天空呈献自己真实的模样。

此刻是深夜。我独自坐在堤坝的草地上。草已接近枯黄。草丛里听不到虫儿的鸣唱。只有月光静静倾泻，在它怀里，溅起点点神秘的声响。

螳螂

怀抱两把大刀，坐在一棵狗尾草的叶面上，守望正午宁静而温暖的阳光。

刚刚踏进一片空地，就发现了这家伙。心里既兴奋，又感到有些唐突。我赶紧拉着孩子的手，轻轻蹲下，近距离将它细细打量。

它似乎也同时发现了我们俩，但并不逃走，也不流露一丝惊慌，依然目光镇定，一脸安详。也许，它压根儿就没把我们的到来放在心上。

近距离接触一只螳螂，使我仿佛又回到了渐行渐远的少年时光。在深秋宁静而温暖的正午，它还是记忆中那般可爱的模样。一身绿衣裳，英俊潇洒，风流倜傥，身手敏捷，弹跳力强……

代跋

自言自语（代跋）

1

如果要论想象力，我不配接受“诗人”的桂冠。

我写诗，只为记录自己的良心。

2

我不高大，也不高尚，但即使上帝真的允许我杜撰，我也不会睁眼说瞎话。

我写诗，始终坚持同一立场——真诚、明朗、简约、健康。

3

情、理、趣实为诗之三要素。但情要出于真，理要合天道，趣要存乎雅。

无情、无理、无趣的东西，还要拿去示人，希望众口相传、千秋万代，不是太不自知，也必定是太意气用事了。

4

忸怩作态，便是变态，一种严重的心理疾病。

故弄玄虚，便是心虚，一种很无奈的不学无术。

愈是变态，愈是无法进入创作状态；愈是心虚，愈不谦虚。于是，诗愈写愈面目可憎、遭人鄙弃便成事实。

5

热衷于这个“代”那个“派”去贴标签，便是立山头，不仅见出那人的“小”，也见出那人的极不自信。

山头只是一个小坟包，无非是为那人日后预留一个葬身之地罢了。

6

诗乃诗人的品格再现。诗艺不可以粗糙，人格更不能低下。媚俗及低级趣味的“分行文字”，像排污口流出的东西，既对不起自己，也辜负了读者。

7

我也经常仰望天空，但更多的时候我愿意弯下腰，面向大地，面向自然，面向芸芸众生，并用心倾听……

壬辰岁秋于株洲